救心

王志鴻副院長
和他的心臟內科團隊

主述——王志鴻、張濟舵

撰文——陳玫君

書中主述介紹

王志鴻

一九五七年出生於高雄梓官，中國醫藥大學中醫學系畢業，曾任國泰醫院心臟內科主治醫師。一九九一年進入花蓮慈濟醫院任主治醫師，一九九三年規畫成立心導管室，一九九八年成立二十四小時救心小組。

曾任玉里和關山慈濟醫院院長、中華民國心臟學會理事、中華民國心臟內科專科指導醫師，現任花蓮慈濟醫院內科系及重急症醫療副院長兼心臟醫學發展中心主任、慈濟大學醫學系部定專任教授。

■三十年了，花蓮慈濟醫院心臟內科從人手不足，到如今各領域皆有專攻者，加上設施齊備，可為病患提供高科技且高品質的醫療服務。（攝影／劉子正）

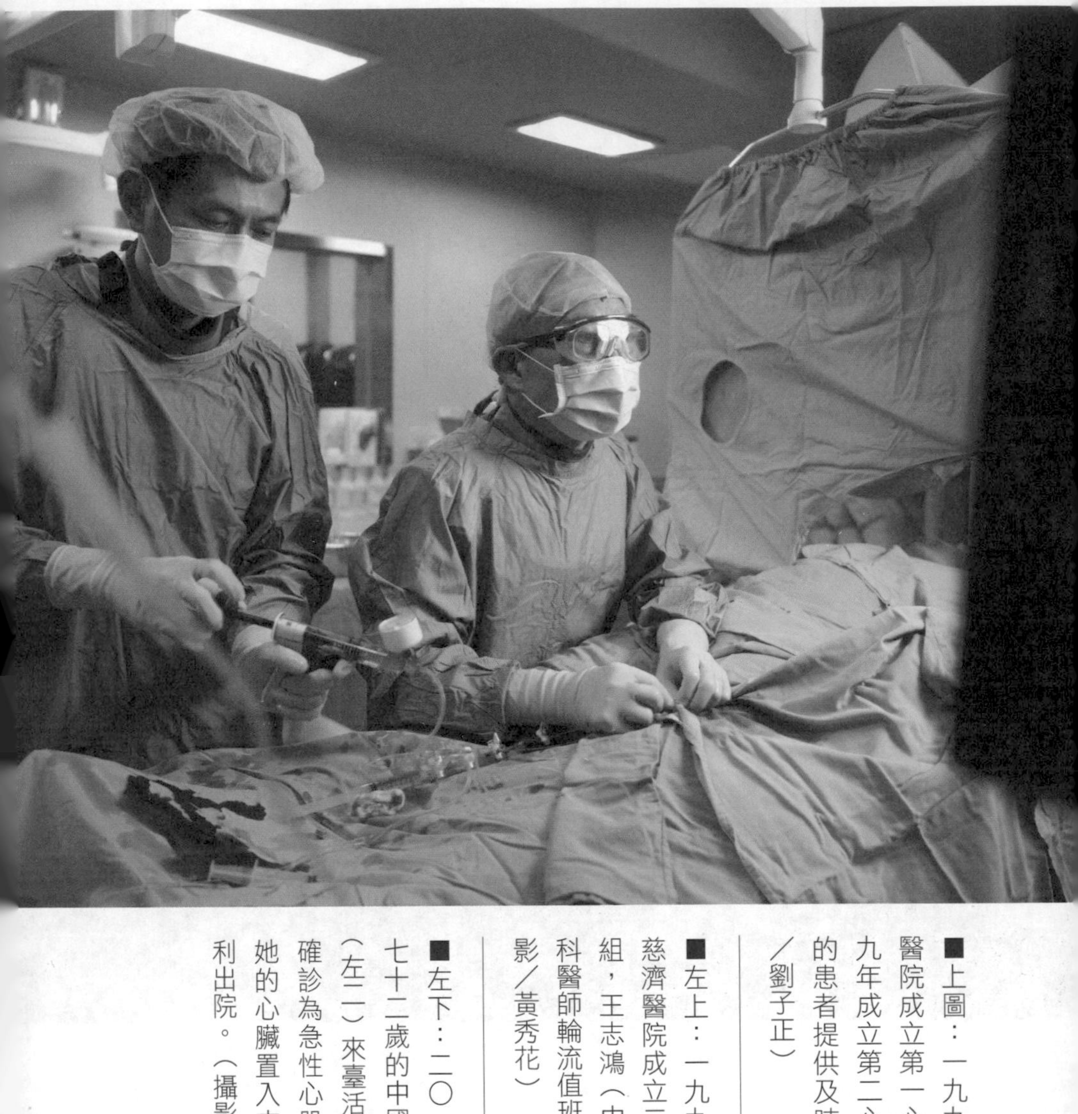

■上圖：一九九三年，花蓮慈濟醫院成立第一心導管室，二〇〇九年成立第二心導管室，為需要的患者提供及時的治療。（攝影／劉子正）

■左上：一九九八年八月，花蓮慈濟醫院成立二十四小時救心小組，王志鴻（中）等多位心臟專科醫師輪流值班、隨時待命。（攝影／黃秀花）

■左下：二〇一八年二月，當時七十二歲的中國慈濟志工肖林林（左二）來臺活動期間昏倒，送醫確診為急性心肌梗塞，王志鴻為她的心臟置入支架，兩天後即順利出院。（攝影／葉桂蘭）

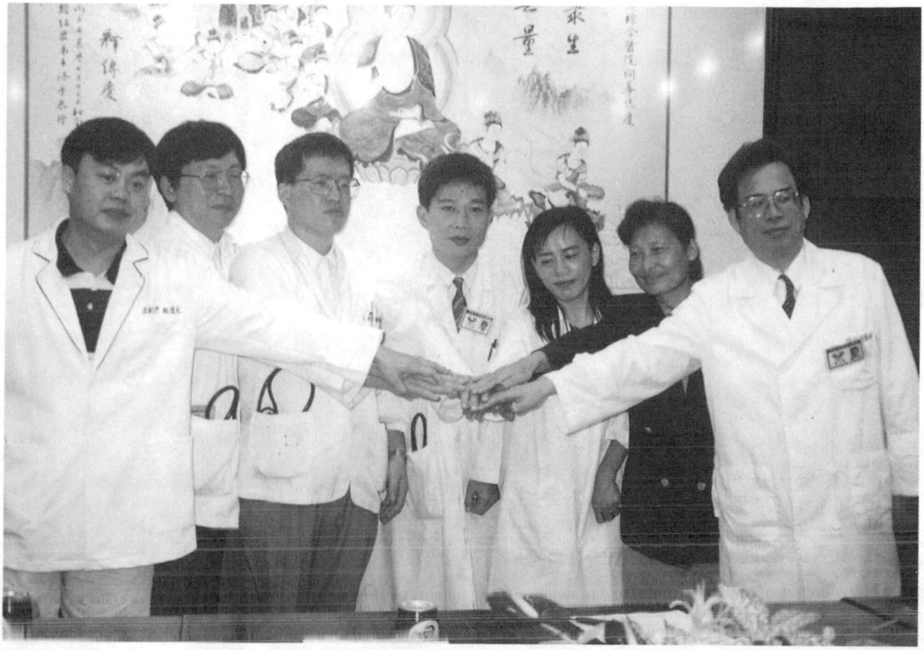

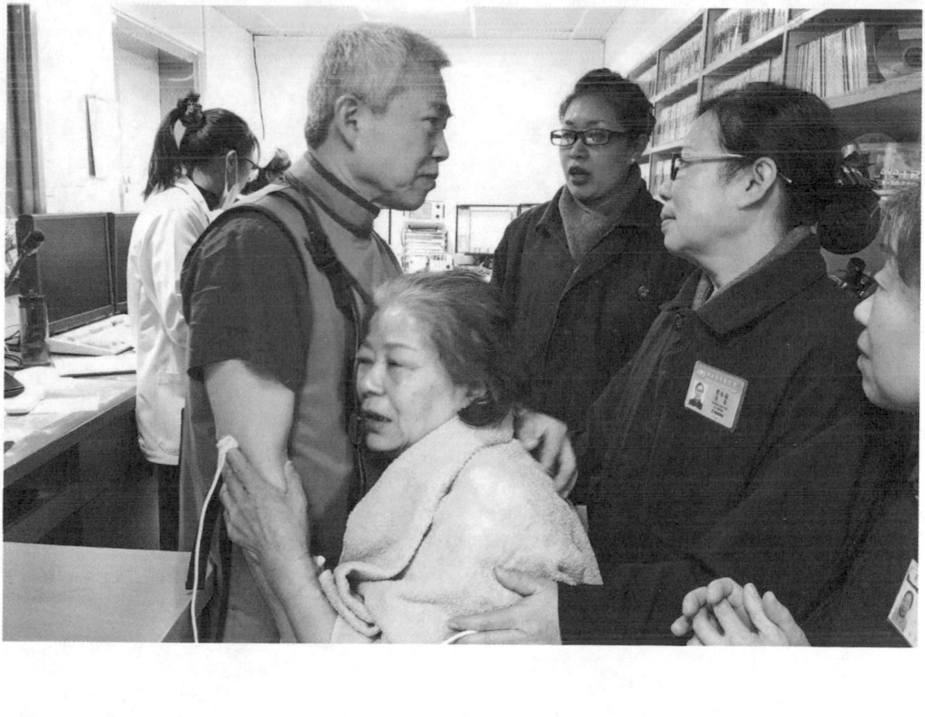

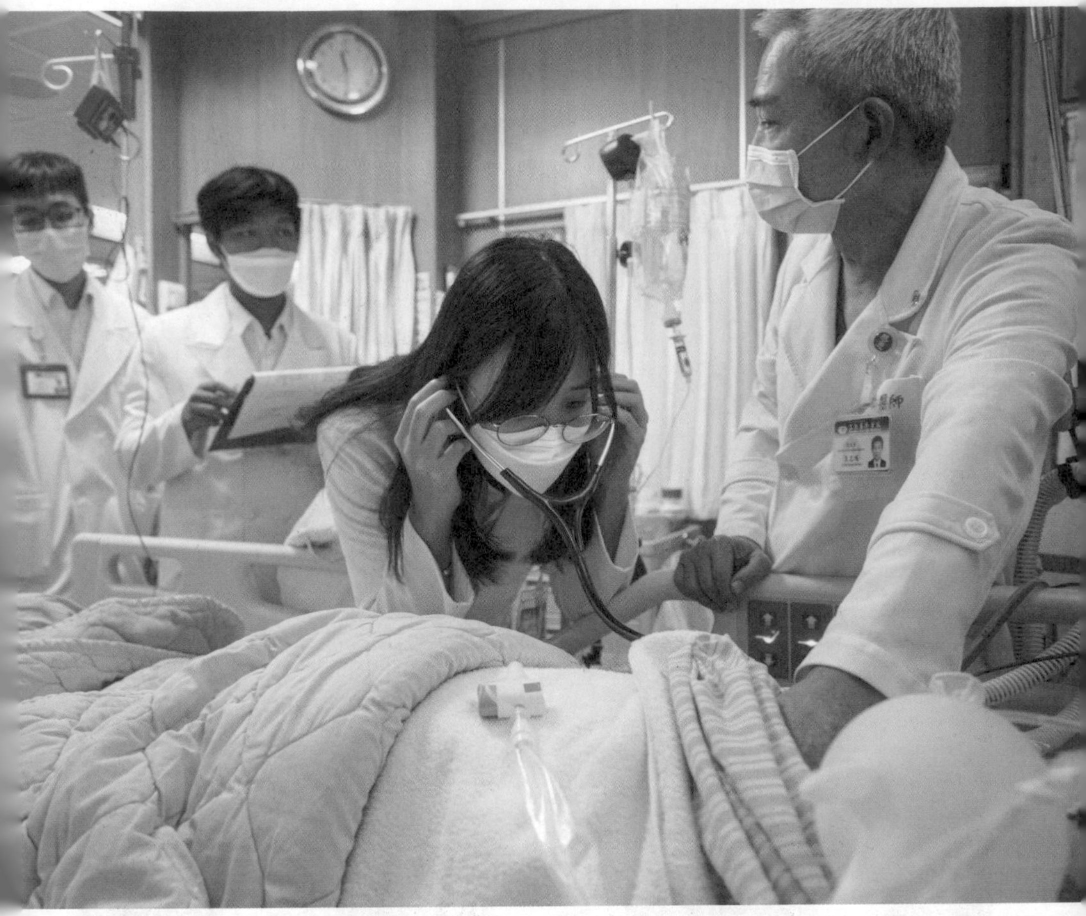

■上圖：王志鴻於心臟內科病房進行床邊教學，慈濟大學醫學生從旁觀摩學習。（攝影／劉子正）

■左上：二〇一〇年六月，花蓮慈濟醫院最佳教學科別、臨床教師選拔頒獎，心臟內科王志鴻（左二）等受獎單位代表合影。（攝影／游繡華）

■左下：二〇一〇年六月，挪威科技大學（Norwegian University of Technology and Science）兩位醫學生在花蓮慈濟醫院見習，王志鴻示範心導管教學。（攝影／彭薇勻）

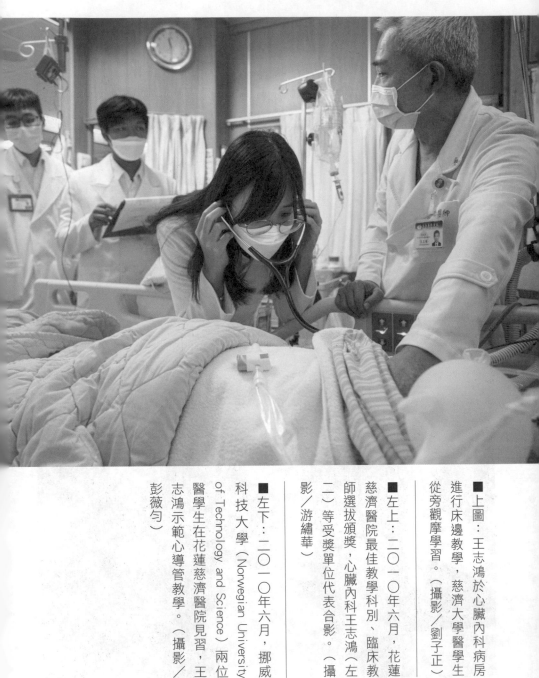

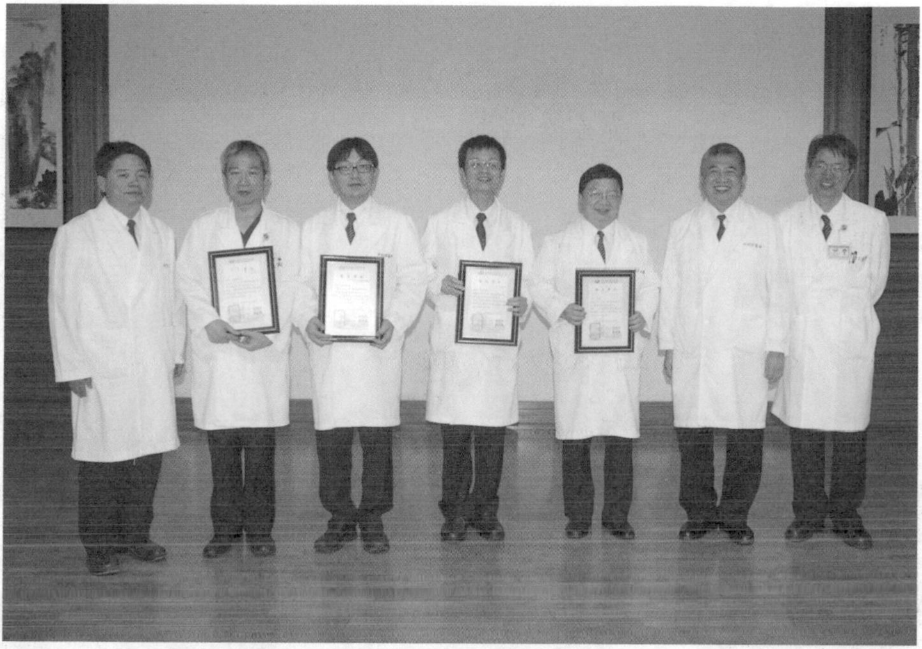

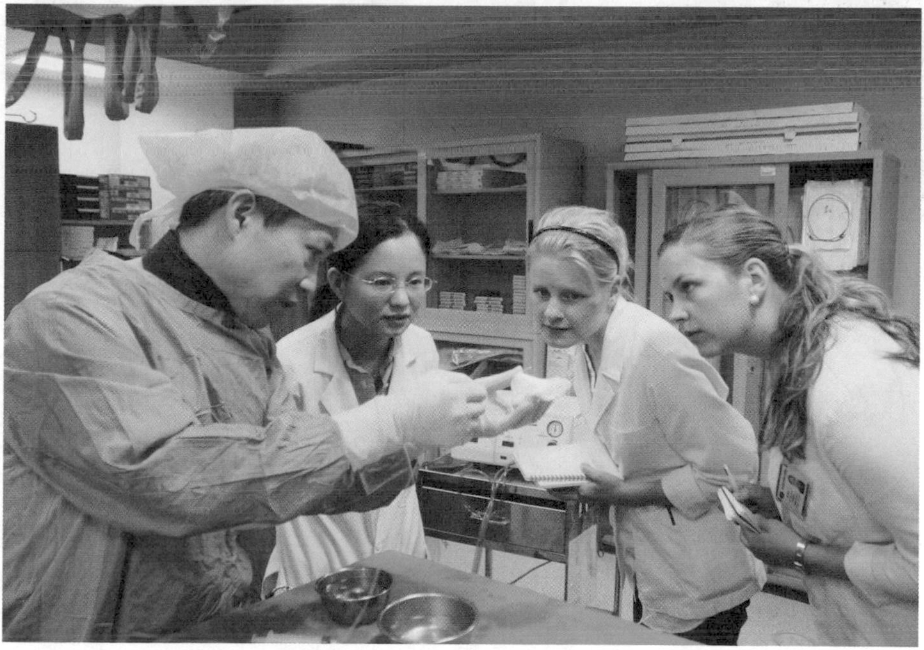

■上圖：二〇〇二年一月玉里慈濟醫院新院區動土典禮，院長王志鴻與時任花蓮慈院院長陳英和（左一）與來賓握手寒暄。（攝影／張澄淇）

■左上：二〇一一年十一月，王志鴻（中）榮獲花蓮縣醫師公會第四屆醫療奉獻獎。（照片／花蓮慈濟醫院提供）

■左下：二〇二一年二月，慈濟基金會捐贈一萬一千五百顆住宅用火災警報器及三組生理監視器予花蓮縣消防局。消防局高級救護技術員示範操作生理監視器的多項功能，王志鴻在旁説明救護單位如何透過科技進行評估。（攝影／王嘉彬）

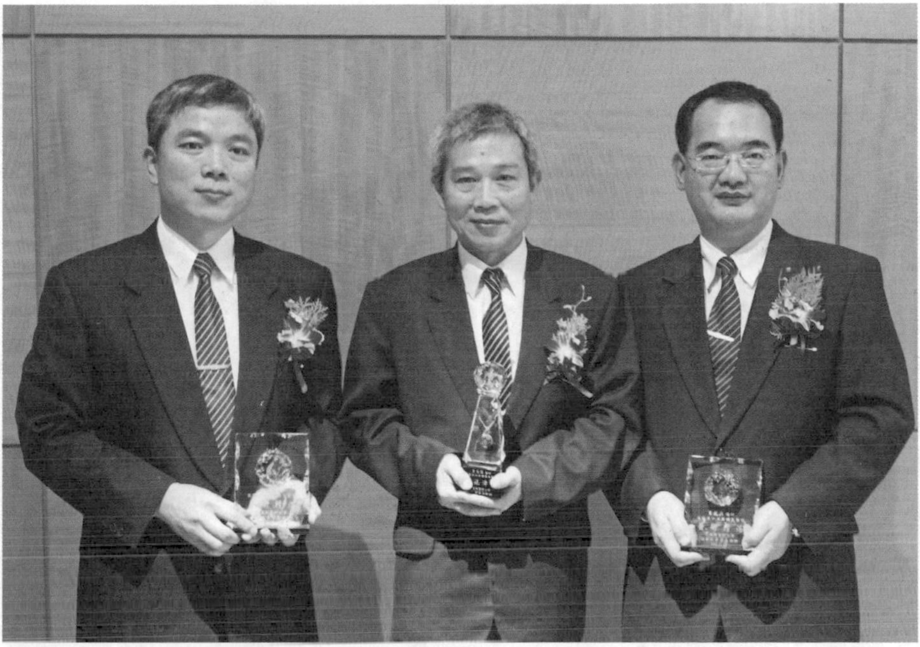

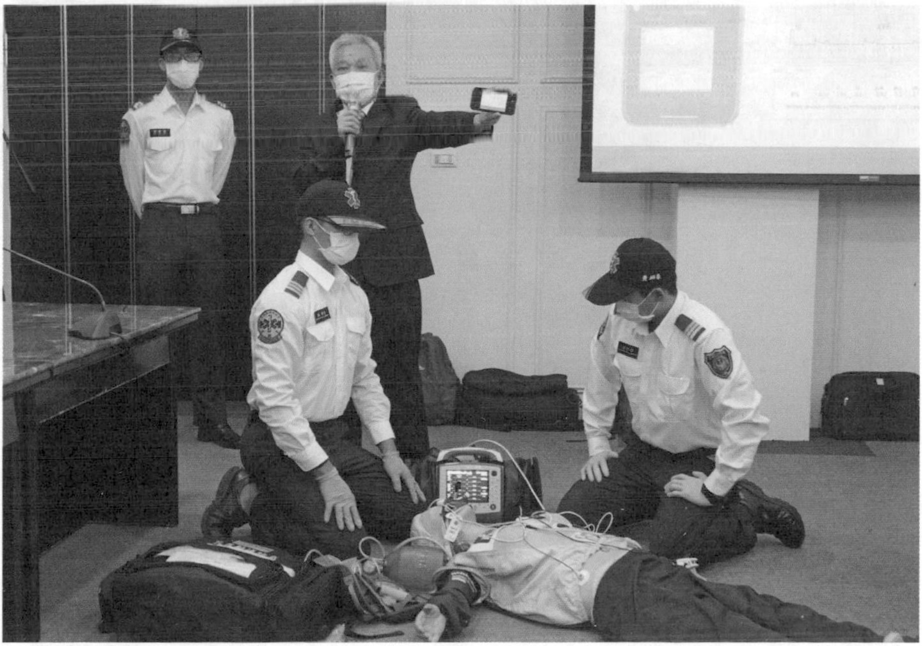

■上圖：二〇一六年八月花蓮慈濟醫院三十周年慶，王志鴻參與回歸心靈故鄉慢跑健行活動。（攝影／徐政裕）

■左上：二〇一三年六月，花蓮慈濟醫院進行院內評鑑預評，王志鴻實地訪查水電機房。（攝影／彭薇勻）

■左下：二〇二〇年六月，花蓮慈濟醫院率先響應「防疫新生活運動」，王志鴻代表院方贈送各單位環保餐具，鼓勵同仁落實防疫，並減少使用一次性餐具。（照片／花蓮慈濟醫院提供）

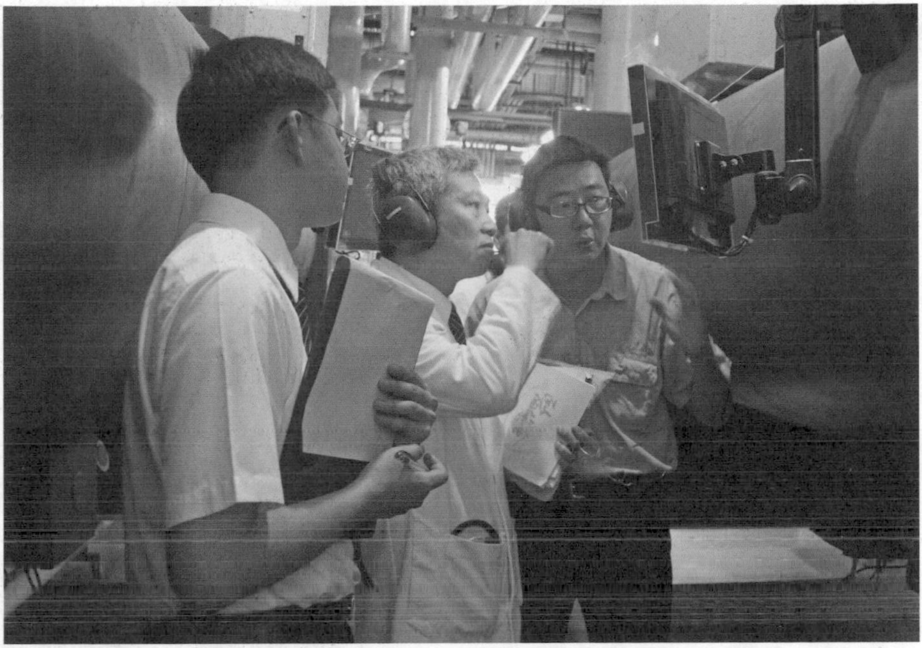

2651-2655病房
Ward
2656-2666病房
Ward
26西

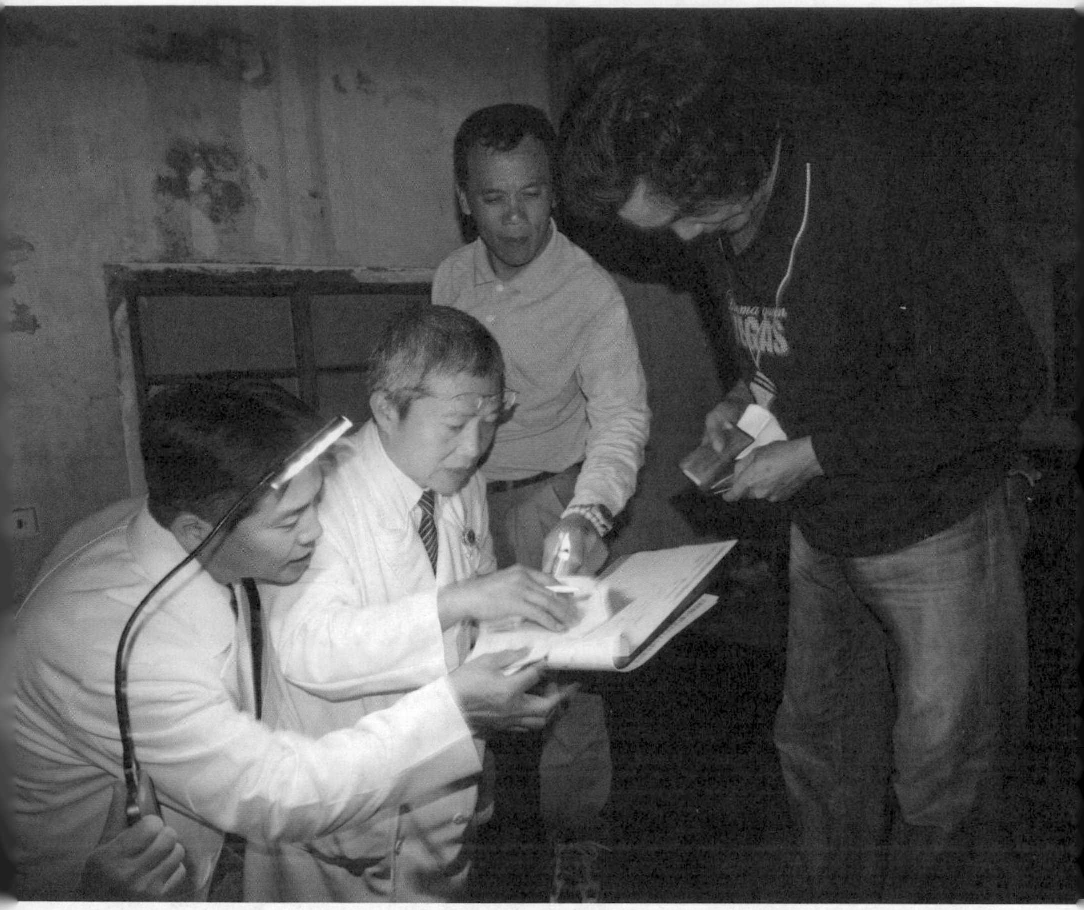

■上圖：二〇一一年一月，王志鴻等花蓮慈濟醫院醫護人員與志工於夜間展開遊民關懷。（攝影／楊國濱）

■左上：二〇〇四年十月，王志鴻跟隨東區慈濟人醫會前往臺東大武鄉大鳥村義診。（攝影／蘇芯右）

■左下：一九九九年九二一大地震後，王志鴻等花蓮慈濟醫院醫護人員前往南投縣中寮國小義診。（攝影／陳彩招）

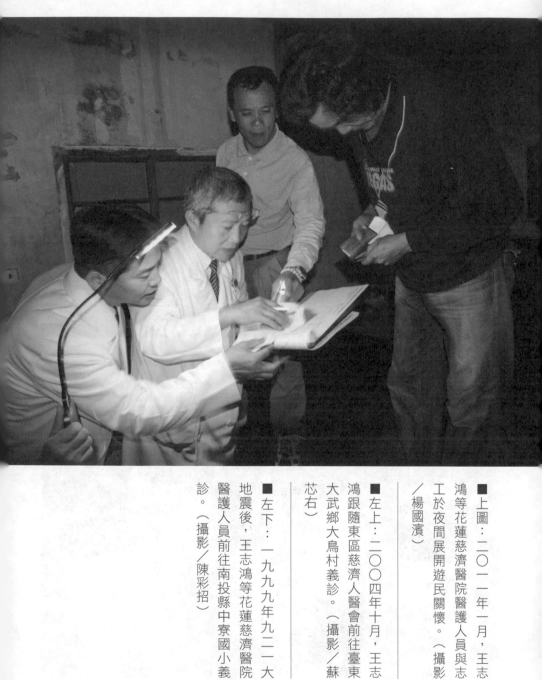

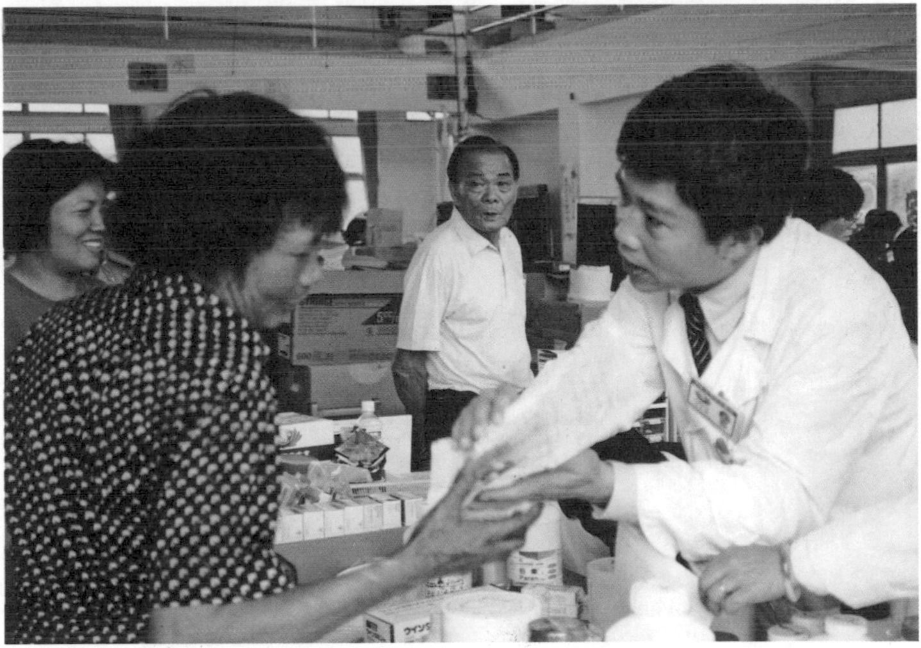

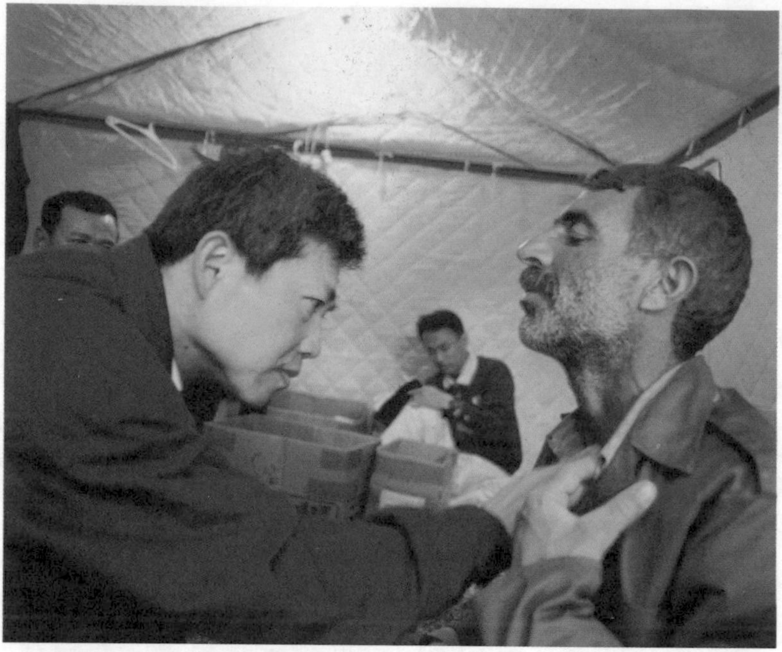

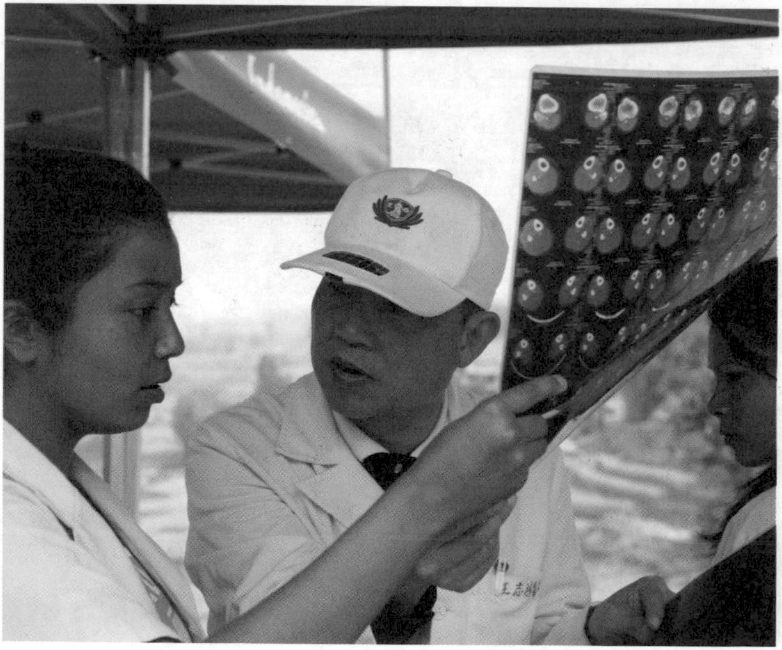

■上圖：二〇〇四年一月，王志鴻參與伊朗地震賑災義診團，於卡曼省巴姆市為紅新月會志工義診。（攝影／顏霖沼）■下圖：二〇一五年五月，慈濟賑災團前往尼泊爾災區奇翠普設立醫療站，當地醫學生加入義診，王志鴻拿出病人的X光片向她說明。（攝影／周芳苑）

■上圖：義診結束後，王志鴻帶動尼泊爾當地小朋友做資源回收，灌輸環保觀念，不留垃圾給大地。（攝影／簡淑絲）■下圖：慈濟志工前往尼泊爾巴塔普區蘇朵中學發放物資，嘉惠四個村的受災民眾。王志鴻感謝當地志工的協助。（攝影／簡淑絲）

■上圖：二〇一二年五月，王志鴻等花蓮慈濟醫院同仁參與佛誕日浴佛彩排。（攝影／徐政裕）

■左上：二〇〇五年一月，王志鴻受證成為慈誠隊的一員，典禮前與慈濟基金會副總執行長林碧玉合影。（攝影／蔡淑婉）

■左下：二〇一一年二月，王志鴻於花蓮慈濟醫院醫師合心共識營，分享參與河北、蘇州義診發放心得。（攝影／黃秀娥）

当优秀共产

書中主述介紹

張濟舵

一九五五年七月出生，基隆七堵人，家中排行老么，上有五個姊姊。一九八七年，三十二歲被公司外派到美國擴展業務，妻女隨同前往定居。一九九七年，四十二歲加入慈濟；二〇〇三年，四十八歲接任紐約分會執行長。二〇一七年七月，六十二歲返臺期間於花蓮慈濟醫院做心導管手術時，心臟曾停止長達二十分鐘，住加護病房二十二天；二〇一八年九月，擔任慈濟慈善基金會副執行長。

■二〇一七年十月，全美慈濟志工返臺參加精進課程，歷經無常的張濟舵與主治醫師王志鴻一起分享醫病情。（攝影／蕭永秀）

■上圖：二〇〇五年二月，慈濟賑災醫療團前往斯里蘭卡強震重災區漢班托塔縣發放和義診，張濟舵（左一）代表慈濟用中文恭讀證嚴法師慰問信，本土志工莎尼娜．莎米敦（Zareena Samidon）翻譯。（照片／慈濟花蓮本會提供）

■左上：二〇一三年十一月，慈濟前往菲律賓海燕颱風重災區萊特省奧莫克市發放慰問金及物資，受災民眾投零錢響應竹筒歲月運動，張濟舵感恩接受。（攝影／博麗妮）

■左下：二〇一〇年五月，張濟舵（左一）與慈濟賑災團前往智利當地臺商的倉庫搬運賑災物資，援助因強震受災的民眾。（攝影／曾多聞）

■上圖：二〇一五年五月初，（左起）劉銘達、張濟舵等慈濟志工前往尼泊爾地震重災區巴塔普區進行勘查。（攝影／蕭耀華）

■左上：二〇一五年八月，張濟舵、葛濟覺等美國慈濟志工前往海地北部省海地角雷蒙納學校，發放來自臺灣農委會的愛心大米。（攝影／唐朝）

■左下：二〇一七年四月厄瓜多豪雨成災，慈濟連續九天進行「以工代賑」家園清掃行動，聖塔安娜縣縣長費爾南多·謝迭紐（Fernando Cedeno）與張濟舵等志工以手語帶動〈一家人〉，凝聚大家的心。（照片／慈濟美國總會提供）

TAIWAN
Not For Sale

TZU CHI

■上圖：二〇一〇年七月，慈濟成為聯合國經濟社會理事會非政府組織的特殊諮詢委員，代表出席這項大會的張濟舵，透過視訊連線，將好消息傳回臺灣本會。（攝影／鄒靜儒）■下圖：二〇一三年七月，張濟舵等紐約慈濟人前往當地蒙哥馬利郡堡壘平原村水患災區發放現值卡與物資。（攝影／周芳苑）

■上圖：二〇一一年六月，美國紐約慈濟人文學校畢業暨結業典禮，紐約分會執行長張濟舵頒發聘書予新任校長金冬友。（攝影／郭訓成）■下圖：二〇一二年六月，美國紐約分會舉辦大愛人文之夜，張濟舵陪同錦繡二重唱黃錦雯、于琇琴於記者會上分享。（攝影／吳秀月）

■上圖：二〇一三年一月，紐約分會歲末祝福前，張濟舵等志工彩排《鑑真大和尚》手語劇〈行願〉。（攝影／林晉成）

■左上：二〇一三年五月滿月日，張濟舵（左一）等慈濟志工以非政府組織的身分，參與聯合國衛塞節（結合佛誕、成佛及入涅之日）慶祝大會。（攝影／王萬康）

■左下：二〇一六年十月，紐約分會二十五周年舉辦「千手觀音愛心音樂會」，中國殘疾人藝術團和慈濟人共同攜手演出。張濟舵（左）、段登傑（右）等志工排練鐘鼓齊鳴《勤行頌》。（攝影／林晉成）

■上圖：二〇一四年三月，慈濟於聯合國婦女地位委員會年會，舉辦「希望之光：農村地區婦女楷模」座談，邀請海地志工分享，張濟舵（後排右二）、張蕙芬（前排右一）等人陪同參與。（攝影／陳榮光）■下圖：二〇一六年六月，紐約分會舉辦慈濟清寒獎助學金頒發典禮，張濟舵等志工與受惠學生合影。（攝影／田凱允）

■上圖：二〇一七年一月，張濟舵等紐約志工不畏天寒地凍，走上街頭邀請民眾響應「世界蔬醒日，從我做起」，一個人一天素，一起愛地球。（攝影／楊盛威）■下圖：二〇一七年六月，厄瓜多本土志工珍妮弗、波理斯來臺參加慈濟全球志工幹部精進研習，張濟舵、葛濟覺（右一）一路陪伴。（攝影／陳誼謙）

■上圖：二〇一九年九月，九二一地震二十周年感恩會，當年就讀延平國小的蔡宜庭（左二）分享即將結婚的喜訊，張濟舵代表慈濟贈送祝福禮。（攝影／葉唐銘）■下圖：二〇二〇年三月，臺南分會舉辦長者居家安全改善專案志工教育研習，張濟舵提醒：「關心老人家，要像照顧親人般用心。」（攝影／郭美秀）

■上圖：二〇二〇年十一月，臺南慈濟新芽獎學金頒獎典禮，張濟舵從花蓮前往擔任頒獎人，並勉勵受獎者。（攝影／郭明娟）■下圖：二〇二一年六月，慈濟與基隆市政府合作捐贈「安心寶飽箱」及「健康蔬果箱」，予受新冠疫情影響的兩千多位弱勢學童家庭。（攝影／劉秋伶）

目錄

第二章 愛之所在

第三章 力之所及

推薦序

後山情與義

殷偉賢

在我的好友中，志鴻兄是非常特別的一位，他是那種可以跟你一見如故的人。他就是那樣充滿親和力和熱忱，不會矯揉造作，也不會耍心機；他就是讓你覺得時時刻刻都滿懷誠意地，可以跟你直來直往、肝膽相照的那種人。

然而，他也絕非莽撞之輩，或機巧之人，即使談話的內容事涉敏感，他還是盡其所能地知無不言，言無不盡。即使雙方觀點不同，他仍然不會動氣，而是用誠懇的言詞表達他的意見和想法。

印象中，即使酒酣耳熱、面紅耳赤，也從未見他和人起過嚴重爭執。孔子說：益者三友：友直、友諒、友多聞，志鴻兄可謂兼而有之。跟他相處，完全沒有負擔，可以坦誠以對，促膝而談，把酒言歡。

這樣一個真性情的人，投入醫療工作，對照志鴻兄的新書《救心——王志鴻副院長與他的心臟內科團隊》中的記述，可謂完全印證，我一直以來對他的認知是完全正確的。

從他三十年前單槍匹馬，深入後山，篳路藍縷，以啟山林，一步一腳印地建立心臟內科團隊，接觸並服務後山百姓；到現在兩鬢飛霜，依然無怨無悔，著實令人感佩。

我也在宜蘭服務過，但和許多醫師一樣，終究回到西部。對於志鴻兄經常風塵僕僕地或南來北往，或飛越中央山脈，又或長驅直入花東縱谷，外人看來苦不堪言，但他卻甘之如飴，樂此不疲。

他對患者全心全意，又全力地投入，真正體現了一個醫者的情懷。就是這種不求回報的投入，所以能夠感動許許多多的人，造福了許許多多的病人和家庭。後山百姓們在過去這三十年能享受到跟西部一樣高水準的心臟科治療，救死扶生，志鴻兄絕對功不可沒。

在專業上，志鴻兄除了投入，還有天分。看他做心導管手術，是一種享受；

可以用「快、狠、準」概括形容。「快」是指他技術純熟，動作乾淨俐落，絕不拖泥帶水；「狠」是他針對血管病灶，絕不手軟，該處理的也絕不迴避；「準」則是他沉著應付，術前深思熟慮，術中精準執行，絕不會過猶不及。

他執行手術，就如行雲流水，不疾不徐，信手拈來，就是一次次的佳作，令人讚歎不已！當然背後支撐的，是三十多年的功力。如他所言：病人找醫師就是希望能幫他治病救命，醫師要有能力幫病人解決問題。本書第二章詳述了慈濟志工張濟舵先生與死神拔河驚心動魄的過程，就是在王志鴻副院長帶領下，令人激賞的傑作。

心臟內科心導管的介入治療醫師是一群很特別的人，他們喜歡探索，喜歡團隊。因為他們知道在探索新的治療過程中，要面對極高的風險，而為了維護病人安全，讓他們得以安然度過難關，就需要合作無間的團隊。

過去三十多年來，各大醫院陸陸續續成立了許多的心臟團隊，將臺灣的緊急醫療和心臟病治療推上世界水準。感謝這本新書，因為它見證了一段後山艱辛環境中一位有情有義醫師，三十年如一日，為百姓一點一滴的付出。

經過三十年的努力和奮鬥，終於開花結果，在王志鴻副院長領導下，強將手下無弱兵，他的心臟內科「救心」團隊承載了後山百姓的希望和讚譽，當之無愧，值得喝采，特為之記，並恭喜好友志鴻兄。

（本文作者為振興醫院醫療副院長、臺灣介入性心臟血管醫學會前理事長）

推薦序

心音譜出生命力

林碧玉

晨，陽光灑下，穿透落羽松，樹影疊疊，鳥叫聲不絕，蟬鳴隨後和聲，如交響樂。聞聲尋鳥蹤，驚見樹梢一點紅，許是秋分過後，迎來寒露，落羽松枝頭旋即應節氣變了臉。

漫步在充滿靈氣的靜思精舍，喜見生物多樣、自由奔放，鳥兒尤其種類繁多，擬呼喚無一相識，自嘆常識不足之餘，腦際總會閃過王志鴻副院長，遠聞鳥叫聲，即可叫出鳥名、說出性別、鳥爸媽正在呵護或是喝斥兒女等進行式。雖增廣見聞，卻因駑頓，還是不知其所以然。

一九七九年代以前的靜思精舍，簡陋樸實，證嚴上人與弟子自力耕生，雖克勤克儉生活，卻有大悲力扶困於全臺。時，花東地區醫療非常落後，民眾為北上求醫，經常魂斷蘇花公路，上人見聞不忍又不捨，雖沒錢、沒人、沒土地，卻毅然發願為東部民眾創辦一所愛的醫院，歷經難以言喻的艱辛。

慈濟醫院終於在一九八六年八月啟業，豈料用盡力氣，醫護等人員卻不願東來，幾經努力與臺大醫院建教合作，依然延聘不到人才。感恩臺大醫院指派醫護人員支援，可惜均是短期服務，且專科醫師都是當日來回門診，這如何達成上人守護生命的悲願？

面對醫護難題，為免上人擔憂，筆者白天守護醫院，傍晚搭機北上求才，或請託支援，或力邀東來，深夜再搭清晨回到花蓮的火車，日復一日，努力以赴。刻骨銘心的是，深夜火車尤為寒冷，只得用剛閱讀的晚報，蓋在身上禦寒，竟夜反覆思考，如何不負上人所託，如何為醫院覓得良才，如何讓醫院順利運作，使命驅使，雖冷卻也自在歡喜。

上人興辦醫療志業，巧遇醫療科技正在起步的旋轉門。記得一九八五、六年籌畫期間，竟日在臺大醫院進出，某天已故杜詩綿院長指著入口處側門一空間，告訴筆者那是專門提供給為養家活口、日日前來排隊等待販血的血牛休息處。當時尚未有捐血概念、沒有彩色超音波診斷儀器、內視鏡設備不普及、電腦斷層掃描儀九八〇〇很大型是奢侈品、核磁共振尚未進口，然隱隱間，醫療似乎將從僅仰賴聽診器、敲槌等工具，轉型迎接高科技世代的來臨。

資金、人才雖均艱困，上人依然努力推動慈院能達北部醫學中心水平，讓東部地區民眾免於奔波北部求醫之苦，引進新興高科技設備，是必要措施。對於一般經營醫院者，高成本投入是很難抉擇的行動，何況人才匱乏、資金不足，但搶救生命第一優先，再苦也要呼籲進行，而我們面臨的不僅是資金問題，還有不被核准採購的困頓。

想起啟業不幾日，一位車禍到院前就陷入昏迷的少女，是顱內出血啊！經急診推進開刀房，記得主刀的腦神經外科醫師蔡瑞章，沉著面對手術檯上的少女，喃喃自語：「怎麼辦啊！沒有電腦斷層影像怎下手呢？」筆者在側，緊張萬分，心裡不斷念「觀世音菩薩」佛號，忽聞蔡醫師說：「左邊瞳孔放大，依照學理就從右側下刀，努力搶救吧！」於是劃下刀，果然血噴出來，命救回來了。

記者聞訊感動撰文，報紙刊出慈濟開腦成功，創東部地區醫療能力，一時轟動東部，而享有「開腦醫院」盛名。事後，蔡醫師一再表示不是他的能力，而是「阿彌陀佛」拉著他的手開的，並一再提出購買電腦斷層掃描儀，是保障病患生命之必要，幾經努力，終被核准購買。

上人殷殷期待，早日引進攸關瞬間生命消失的救心救腦醫療專業，救腦已經開始了，救心的團隊何時能就位？當年設置心導管室是非常昂貴的，又因這項技術剛在臺灣起步，有能力使用它做心臟血管氣球擴張術，搶救致命心肌梗塞的醫師，寥寥無幾。何況心導管技術是高侵入性醫療，非一般心臟內科醫師所能為，且需要心臟外科醫師的配合。

國泰醫院陳炯明院長是心臟專家，王欲明副院長是管理專家，每遇挫折總是到國泰醫院拜訪他們，述說困頓。幾經請託，一日，陳院長說：「看你如此憂慮，我想了很久，心臟內科王志鴻醫師非常優秀，善於做導管，是很適合的人選，只是個性耿直、講話比較衝……我來問看看，或許有機會。」感恩陳院長的協助與割愛，當時的心情真可以用「度日如年」來形容。

某一天，王志鴻醫師終於現身。當了解慈院有兩位心臟外科醫師，可以做他的後盾，即草根味十足，快人快語表達，領薪水靠能力，不計較多寡，只要能為他設立心導管室，他就來。而這正是上人的期待，多時苦無人才，如今大醫王如喜鵲飛來，上人自然歡喜應允。

豈料當時與臺大醫院建教合作，延聘醫師必須該院同意，臺大醫院不同意聘中醫系畢業的主治醫師入住，一時聘任陷入僵局，怎麼辦啊！面對強勢專家要將支援醫師全數調回，事關重大，幾經溝通，折衷請求，終獲同意。

於是乎，王志鴻醫師開著車、帶著行囊，（近來才知載整車的ＸＯ威士忌東來），立即投入醫療工作，從設計檢查表單流程開始，無役不與。

為搶救生命一瞬間，只要聽聞病患即將送來，王志鴻醫師一定會守在急診門口等候救護車，親自推病患到心導管室，若非菩薩悲願怎可能？而他與病患的互動令人稱奇，對於長者或行動不便者，幫忙穿衣褲，抱抱他們如親人；病患則因感動，經常煮飯菜送到家、掛在門把，等他回去享用，此等情誼，我們怎能度量。

一九九八年花蓮慈院成立二十四小時救心小組，這不只是後山東部盛事，反觀整個臺灣醫療，包括醫學中心亦是少有的設施，而寥寥幾位醫師發大悲心，值班守護生命，瞬間將花蓮的急救醫療水平，提升與臺北相同。

花蓮地形狹長，公共交通偏少，偏鄉病患必須花超過一千元車資，包計程車前來就醫，醫師們心疼患者就醫不便，常給予總總方便，上人更是心疼。為病患及曹葦醫師因緣，一九九八年慈濟承接玉里鴻德醫院的經營，照顧南花蓮病患；二〇〇〇年，委請王志鴻醫師兼任院長，自此每日晨約四點半，他先到病房探望住院病患，隨即開車南下，來回花蓮與玉里間承重任，之後又兼任關山慈院院長，不知他的時間怎安排？據他自訴，可以為了病患整星期只睡幾小時，亦可一次沉睡二十四小時補眠。

在玉里、關山，除了看診、關懷院務及管理，忙得不亦樂乎，據悉，他經常用做導管搶救生命的巧手，展現切菜切細絲的手藝，煮出香噴噴的美食饗同仁，展現高親和力，創造如家般的溫馨氛圍。而為舒緩壓力，他將來回玉里、關山間視為旅程，將車繞進沿途小路，短暫欣賞鳥兒，更與之對話，真會享受啊！書寫至此，不覺莞爾！

多年來，在他的努力下，年輕醫師紛紛追隨學習，心臟內科團隊日益茁壯。他擅長處理困難通血管的精湛導管手術，名揚醫界海外醫院，連日本醫界紛紛來聘前往示範手術，桃李滿天下，搶救病患難以計數。

受氣候變遷影響，全球災難頻傳，慈濟總是走在最前救災，醫療不落人後緊緊追隨，王志鴻副院長更爭取自費自假，參與國際賑災義診，在苦難現場，發揮人醫良能。

時間過得真快，王副院長到花蓮轉眼間已經三十年了。這三十年間，僅有一次，林憲宏醫師告訴筆者，「糟糕了！你都不知道大事臨頭，你就是對王志鴻醫師不夠好，他因為想家，思考回去臺北，我們一定要留住他。」

筆者打電話約他，他草根依然不變，回應說：「既然你來電了，也知道花蓮沒人，不求薪資多寡，而是畢生志向在心臟臨床服務，希望在退休前，心臟內科主任不要輕易換人，若能成就此願，我就永遠不離開花蓮慈院。」

果然，他信守承諾，更加投入深耕心臟血管內科，從未再提起離開花蓮的事。這就是在院區內隨手撿菸蒂、隨時補位掃地，實習醫師心目中教學第一認真的好老師，人人口中尊敬的王副。

他為了皈依上人，實踐尊師重道，戒菸戒酒行十善，生活簡樸勤利他，看是簡單卻是難傳揚，若非菩薩大願力，怎堪大任降肩頭，而他對父母的敬與愛，亦令人動容！

慈濟美國紐約分會執行長張濟舵師兄，也是上人的好弟子，承擔慈濟聯繫聯合國窗口，長年為慈濟國際賑災及國際會務奔波。二〇一七年，他自知心臟嚴重堵塞不為意，經上人關懷留下來再次做心導管檢查，赫然看到三根血管堵塞百分之八十，而且血管嚴重鈣化。群醫束手，紛紛建議最好不要動，王副藝高膽大，明知艱困血管難通、風險高，卻擔心濟舵師兄任一時刻都有性命之憂，自告奮勇為之治療，豈知功成之際，危機現前，搶救過程驚心動魄。

上人及精舍師父們幾乎與之同呼吸，行腳在外仍時刻關懷，筆者與王副保持聯絡，同憂共苦度過這段搶救生命的歷程。尤其是在臺南期間，濟舵師兄危險至極，王副擔心上人憂慮，在電話線上強做鎮定，然深夜與之通話，他幾近哽咽難言，告訴我說，已經盡力還會盡力，他不斷求上人、求佛菩薩加持，因今晚可能難過關啊！

筆者告訴王副，請他安心，我會共承擔。那一刻，心裡只有一個念頭，虔誠懇請佛菩薩，無論如何不能讓濟舵師兄生命戛然而止！那一種生命共同體的感覺，讓我在臺南守著電話徹夜難熬，只祈奇蹟平安度過。果真！那轉捩點，難以言說！難以言說！

濟舵師兄回神了！歷經生命拔河，歷程如夢似幻，如今繞著臺灣社區跑，日日為美善社會而努力，菩薩色身猶微恙，行止人間不顧身，濟舵師兄真是令人尊敬與讚歎！但若無大醫王行大願，那有濟舵菩薩再現身！

一一九急扣呼叫，遠端心音無線譜現前，急救、急救，救心團隊，了然遠端疾馳救護車上病患心臟疾病進行式，從容無縫接軌在急診迎接，是奔導管室或衝開刀房，搶救生命就在心跳間，這是優秀慈濟心臟團隊最佳寫照。

心音無暇如琉璃，心音譜出生命力，
若失心律無常去，搶救心律急急急，
空中妙有傳心律，人醫即時復生機。

感恩王副無私奉獻於東臺灣，成為跳動心臟調御師，他已與花東民眾成為生命共同體，他的家不是小家，而是上人創造的慈濟世界的大家，看到接二連三的病患獲救，相映當年共同的壁畫願景，王副做到了，我們可以大聲說：「上人，我們做到了！我們沒有辜負當年您的支持！」

（本文作者為慈濟基金會副總執行長）

推薦序

醫心如日月 照亮東臺灣

林欣榮

二十年前，我到花蓮慈濟醫院服務時，王志鴻副院長在東臺灣搶救冠狀動脈疾病患者已超過十載。甚至一開始有許多年，他是這裡唯一會做心導管檢查及治療的心臟內科醫師。

王副院長到花蓮服務之前，花東地區患有急性心肌梗塞的病人，即使幸運靠著溶解血栓的藥物，打通阻塞，血管再通率往往只剩六、七成。無論是到高雄或者到臺北就醫，交通時間需五、六小時，往往只能聽天由命。我們都知道這也是證嚴上人發願在花蓮興建醫院的主要原因。

我是神經外科醫師，在某個層面是非常了解王副院長，他在跟死神「搶」病人的活路上，是非常拚的，即使廢寢忘食，也在所不惜。因此，能在離開三軍總醫院之後到花蓮服務，對我來說，除了擁有相同的人生導師證嚴上人，最振奮的就是和一群志同道合的團隊在東臺灣發揮良能，救腦、救心又救命。

回想花蓮慈院啟業後的第一個十年，恪守在東部的醫師，是非常不容易的。一九九三年，醫院耗資五千萬元自美國購入最先進的心導管設備，設置心導管室，從整體規畫，檢查室闢建、機器安裝、試車到啟用，王副院長都是親自監督施工，因為這不只是救命的儀器，更是滙聚證嚴上人的悲願與眾人的愛心。

若從一九九一年七月算起，至一九九五年八月，短短四年，王副院長獨自完成了九百四十三例心導管。他幾乎沒有休假，頂多抽空回臺北的家，但只要花蓮這邊一有狀況，他立刻搭下一班飛機回來。他經常待在心導管室超過十二小時，這樣的仁心帶動了整個團隊。

然而，只有他一個會做心導管的醫師是不夠的，於是他努力在六年內，讓花蓮慈院成為訓練心臟內科專科醫師的中心，他所訓練出來的第一位心臟內科醫師，目前在大林慈院服務。現在花蓮慈院心臟內科科主任陳郁志是他的學生，已獨當一面的慈濟大學校友蔡文欽、張懷仁、蔡劭謙、楊秋芬也全是他的學生，還有更多的學生分散在臺灣各大醫院服務。

證嚴上人期許慈濟醫療團隊把病人的生命與病苦放在第一位，王副院長也樹立了典範。他不僅提供花東的鄉親享有西部一樣高水準的心臟科治療，因為不忍心花蓮南區、臺東的病人到花蓮就醫，交通費用需花數千元，至今他仍在玉里慈院、關山慈院看診，需要做心導管治療才會轉院到花蓮。目前他還有更進一步的計畫，就是在玉里慈院建立心導管中心，讓玉里、關山附近的病人可以就近醫病。

「身為一個醫師，去病人需要你的地方，永遠比去自己想去的地方，更有意義。」三十年過去了，有些病人在他悉心照護下，已經從四、五十歲到七、八十歲，甚至年近百歲，有時在診間看到老病人回診，親切的寒暄，「安在」更顯現他駐守花東的價值。

書中，還有一段發生在四年前，王副院長和慈濟美國紐約分會執行長張濟舵師兄的醫病因緣。在群醫無策之下，在二度放置葉克膜之後，他如何挽救濟舵師兄的生命；而歷經生死拔河過來的濟舵師兄，如今是慈濟慈善基金會副執行長，一樣肩承重任。這過程，於我與慈濟家人而言，是一段驚心動魄的回憶。

王副院長在複雜性冠狀動脈介入性治療的經驗豐富，早已揚名海外。在國際研討會上，他常帶領團隊示範複雜性心導管術式。地點、設備、病人都在花蓮慈院，透過視訊 Live 向位在臺北會場上、來自全球各地的心導管專家示範教學。困難度極高的冠狀動脈高速鑽頭研磨術，他完成後的成功率達九成五以上。王副院長已是世界級心導管治療嚴重鈣化冠狀動脈中專家的專家，花東人真有福氣。

這絕對是一本值得您細細品味的好書，王副院長的醫術帶給病人及家屬希望，而他對待病人的那分誠真心意，像古人所言猶如綠過江南岸的春風，心臟內科醫師的直心與溫暖，更有如日月照亮東臺灣，也深刻影響年輕的醫師。

（本文作者為花蓮慈濟醫院院長）

推薦序

草根氣息受厚愛

章淑娟

一九九三年筆者剛到慈濟醫院，負責督導內科病房的護理業務，王志鴻是心臟內科醫師，小小的個兒，連寫醫囑和病歷紀錄都像蝌蚪一樣小小扭曲的，資淺護理人員不熟悉都要問資深學姊，字如其人，總是縮著脖子，講話時散發著菸味，偶爾會有宿醉清醒後的口氣，講起話來像出來闖江湖的。

很奇特的是，他眉宇間有一顆大大的痣，有如觀世音菩薩一般，這是觀世音菩薩來投胎的嗎？可是講話很直接，有時他跟心衰竭末期病人的家屬說明病情，我們身為護理人員總會站在病人這邊，私底下提醒這樣很傷家屬，但他總是說，就是這樣啊，已經沒辦法了啊，末期就是這樣。這是三十年前的王志鴻醫師。

三十年的工作相處，對於他的醫術非常佩服，門診病人門庭若市，但他總有辦法先安排病人去抽血做檢查，然後一個接一個看診，不會讓病人等很久，也不會因為病人多，讓他們感覺接觸醫師只有一點點時間。

他對待病人像老朋友，長者病患都非常喜歡他，來看病時會帶王醫師愛吃的鳳梨和花生，三不五時我們也會分享到病人厚愛他的食物。有很多病人搬離花蓮還會來找他看診，同仁的親屬更不在話下，可以不遠千里從西部過來找他看病，可見大家對他醫術的信任。

很長一段時間，王志鴻醫師一人獨撐隨時需要緊急救護的心臟科，守護全花東心臟病人的生命，真的是觀音再造。每天長時間工作，每週開車穿梭在玉里、關山之間，還是堅持每天一進醫院以及下班離開醫院前都要去看病人，他的精神與毅力是令人敬佩的，病人找他診治是很放心的。

門診病人雖多，但他總是用心評估，整體照護，因此常會遇到來看心血管科的病人，被發現其他疾病而及早治療，他笑稱自己是十足的家醫科。

有一次，住在臺中的父親，因旅遊時有呼吸喘狀況，便引導他來到花蓮王醫師門診，仔細評估後才發現原來當時是高山症發作。王醫師小心問診，聽說家父沒驗過Ｂ、Ｃ型肝炎，便開單抽血，檢查到Ｃ型肝炎，因而提早接受治療，免於家族Ｃ肝導致肝癌的宿命，事經二十多年，父親如今也九十一歲了。

長期和心血管疾病奮戰的醫師，因要搶時間，做決定都是很果決的。王醫師兼任副院長行政職務多年，雖然醫術很令人佩服，但快速的行政決策卻令人不敢恭維，沒有耐性等待和溝通，讓人是又愛又怕，愛他對病人的好，怕他對護理同仁發脾氣，尤其在高壓力的心臟血管科照護病人，護理長特別辛苦。

所幸王副院長是可以溝通的，他後來可能有了解到，年輕的護理人員遠離家鄉到花蓮來工作，需要如兄長般的呵護，因此他改變了，工作場域都會替基層同仁設想，有時還會邀請同仁聚餐，聽說還會下廚燒菜，他可以叫得出每個同仁的名字，同仁都感到窩心，草根氣息濃厚讓同仁崇敬。

他也和護理長共同邀約科內醫師和病房護理師一同參加義診，讓同仁感受在院內和院外都能同心一起提供照護服務，展現高度凝聚的領導魅力，因此外調或離職的護理同仁，還常常會回來單位看他和找護理長相聚。

最後值得一提的是，從國中開始抽菸的王醫師，我們常常問他：心臟科醫師還抽菸，不是最差的示範嗎？他都只是笑而不答，表現出就是改不了的樣子。然而，他身上的菸味，從二〇〇五年開始就聞不到了，很令人訝異真的戒菸成功。我們就找他代言戒菸，事後他表示，因為受證慈誠，而將多年的吸菸習慣戒除。

接著，二〇一一年他參加《水懺》演繹，因為口誤，茹素一百零八天說成一百八十天，就不打妄語地持續一百八十天，依教奉行。

王醫師真不愧是慈濟醫療同仁的典範。

（本文作者為佛教慈濟醫療財團法人執行長辦公室護理委員會主任委員）

推薦序

救心、開心，最佳拍檔

趙盛豐

王志鴻副院長要出書了，真是恭喜他，替他「開心」！

認識王志鴻三十年了。他是心臟內科，我是心臟外科，三十年來我們合作無間，可以說是「最佳拍檔」。

我是一九八八年八月來到花蓮慈濟醫院，第二年二月進行第一例心臟手術，當時還沒有心導管，全仰賴放射科做的血管攝影，但解析度沒有那麼好。感恩恩師洪啟仁教授和蔡伯文學長的帶領，我們創下花東地區首例的心臟手術。

心臟外科手術要靠心臟內科診斷，有三年的時間，花蓮慈院心臟內科是靠臺大醫師支援。一九九一年王志鴻來了，總算有一個固定的心臟內科醫師，我們都對未來充滿希望。

一九九三年，慈濟醫院成立了心導管室，配置最先進的儀器設備，影像解析度更清晰，醫療品質更佳，對手術更有保障，真是病人之福。

王志鴻精力充沛，而且有求必應。很早來醫院，可以看到他；很晚離開，也可以看到他。任何時候找他，他都義不容辭，立刻出現。就算他不在花蓮，透過電話諮詢討論，也能提供最佳的意見。

「熱情無私」、「樂於分享」也是他令人佩服的特點，他曾經把東部地區不同醫院的心臟內科醫師整合起來，大家定期見面，相互研討。有時也會邀約聚餐，作「院際」聯誼。我也曾經受邀參與他們的餐會，氣氛融洽，宛如家人。

臺東馬偕醫院二〇〇一年、花蓮門諾醫院二〇〇七年，也陸續建立心導管室，其中必有王志鴻多年的心血和努力。

累積二、三十年的豐富經驗，王志鴻在臺灣做困難的冠狀動脈支架手術，應是數一數二的。我們很高興有如此優秀的醫師，跟我們作伴。

心臟問題往往不容易發現，有人去爬山，突然猝死，就是因為沒症狀，不易察覺，慈濟美國志工張濟舵就是個例子。他一直認為自己身體很好，但是經二五六切電腦斷層檢查，發現冠狀動脈嚴重鈣化，因此建議他做心導管。

起初他覺得自己沒症狀，不願意做，後來被證嚴法師說服才住院。他的血管鈣化嚴重到無法放支架，必須先進行「研磨」，把管腔放大，才能放支架。

由於他的心臟問題太棘手，做治療時發生了狀況，裝了兩次葉克膜，才把他的生命從鬼門關前搶救回來。所以定期健檢，不要輕忽，才能保健康、保平安。

過去心臟內外科的關係，就是內科做診斷，外科動手術。但是近二十年來，心臟內科發展神速，可以自行做支架手術，不需再照會心臟外科。轉介的病人雖然愈來愈少，但合作關係還是存在。心臟內科要發展，一定要有心臟外科；同樣的，心臟外科要發展，也需要心臟內科。

現在花蓮慈院更成立「高階整合型手術室」，心臟內外科攜手合作，做一些過去做不到的事。病人不必動大手術，就可以完成治療，例如經皮主動脈瓣置換手術（TAVI）；另外，第一例經皮導管二尖瓣修補術（TMVR），也在積極準備中，這都是心臟內外科共同完成的新里程碑。

慈濟大學也培養了許多優秀的醫師，現在慈濟各醫院的心臟內外科陣容都相當堅強，加上全球獨步、富有盛名的「模擬手術」，更是訓練醫術的大好平臺。

王志鴻是我三十年來的合作夥伴，也是最佳拍檔。非常歡喜見到他出了書，作者為了採訪「完全沒空」的他，起早摸黑地跟著去玉里，利用在車上的時間訪談。閱讀書稿，佩服執筆者的文字功力，不但專業部分精確無誤，感性軟性也處理得令人會心一笑。

推薦這本書《救心——王志鴻副院長與他的心臟內科團隊》，您可以更了解慈濟、更了解慈濟醫院、更了解慈濟醫院的心臟內科，更了解王志鴻這位精力充沛、有求必應的好醫師。

恭喜王志鴻的新書出版，最後提醒讀者，照顧好身體，天天都「開心」！

（本文作者為花蓮慈濟醫院心臟外科主任／陳美羿整理撰文）

心

之所向

刻不容緩

週五清晨五點半，天還黑著，他熄火下車，快步進入醫院，先到內科加護病房，查看前天救護車送來的兩個病患。

前天，他除了上午的心臟內科晨會、醫學生床邊教學，下午的常規門診外，也是「二十四小時救心小組」的值班醫師，從早上八點開始，二十四小時待命。

住家離醫院車程不到十分鐘，七點二十二分，車子剛抵達醫院停車場，他就聽到「花蓮縣消防局EKG（心電圖）」的LINE群組發出聲響，是吉安分隊傳來的十二導程心電圖。

「STEMI?（ST段上升心肌梗塞？）」

「Diffused ST elevation.（廣泛性ST段上升。）」

「送哪邊？」

「送慈濟。」

看到群組中的對話，他精神抖擻了起來，立刻回覆——

「高風險，會很快休克。」

「值班醫師急診門口等，直接送導管室。」

三十三分鐘後，救心小組成員在群組中回報——

「在急診室緊急處理、葉克膜放置成功後，王副領軍，接著送導管室。感恩大家！」

十八分鐘後，他在群組說明——

「到院時沒血壓、心跳，急診ACLS（高級心臟救命術）成功，心外團隊置放葉克膜後送心導管室，團隊完美合作，感恩消防弟兄姊妹們，辛苦了！我今天值班，最後由我們心內完成心導管手術，打通血管。」
「目前一切穩定，病人血壓低劑量levophed（注射液，適用於急性低血壓、心跳停止）使用下穩定，尿量穩定，神智該是清醒的，老天爺保佑一切順利。」
得知搶救成功，眾人放下一顆心，才開始留言——
「這是張很驚人的心電圖！」
「消防弟兄捕捉到瞬間。」
「好驚險！」
「救心團隊太棒了！王副太神了！讚！」
他也心有所感地回應——
「才五十五歲。也許是自發性冠狀動脈剝離引起，可能以前全無症狀，很難早期察覺，誰被挑中，難以預防……」

他，就是「王副」，花蓮慈濟醫院王志鴻副院長。眉宇之間有顆痣，雙眼炯炯沒近視，全身上下，就只有一頭明顯的白髮，和仔細瞧才看得出微駝的背，符合人們印象中的六十五歲年紀。

初春三月清晨，空氣中透著涼意。他穿著短袖白襯衫、深藍色西裝褲，套上深藍色薄鋪棉背心、深藍色運動鞋，步履輕快地走向醫院，如同鐘錶上的秒針，規律平穩，卻刻不容緩。

稍微休閒的穿著，讓每週五固定前往玉里或關山慈院看診的日子，成了一種輕旅行般的期待。出發前，他習慣先巡視一下病房，掌握患者的病情起伏，交代護理人員注意事項。接下來這一天，即使不在院內，接到來電諮詢，也能指揮若定。

內科加護病房裡，一臺埃及藍的儀器發出規律的心跳聲，「怦怦、怦怦、怦怦……」病人就是前天一大早送來的男士。心肌梗塞發作時，兒子就在身邊，打電話叫救護車，陪同送醫。九天後，病人自行走路出院。

到院前消防隊救護員的緊急救護，是醫療體系的第一道防線，花蓮慈院不僅是東部的重度急救責任醫院，也是衛生福利部認可的高級救護技術員（Emergency Medical Technician-Paramedic，簡稱 EMT-P）訓練醫院。這個病患能順利救治成功，就是醫院醫療團隊結合消防局高級救護技術員提供最優良醫療品質的最好例子。他有些驕傲地說：「花蓮的 EMT-P 都是我們培訓出來的。」

二〇一九年二月，花蓮縣消防局結合慈濟醫院開始辦理高級救護技術員訓練。一千兩百八十個小時的訓練課程，包含解剖生理學、藥理學、心電圖判讀、高級心臟救命術、急診創傷訓練、小兒高級救命術、醫院實習、救護指揮中心實習、到院前救護車實習、綜合演練及測試等，是消防人員各項訓練中時數最長，也最具挑戰性的進階訓練。

不亞於醫學生的嚴格訓練，是因為成為合格的高級救護技術員，即可依據線上醫囑執行注射或給藥、施行氣管插管、電擊術及使用體外心律器，對於傷病患的預後及存活率，有更實質的幫助。

如今，花蓮縣消防局救護車上都備有智慧雲端救護系統，救護人員可回傳十二導程心電圖，讓值班心臟內科醫師或急診專科醫師協助判讀，掌握患者生命徵象。一旦判斷為急性心肌梗塞，救護車就會將病人送往有心導管室設備的醫院治療。

花東地區目前只有三家醫院設有心導管室，分別是花蓮慈濟醫院、臺東馬偕紀念醫院以及門諾醫院，成立時間是一九九三年、二〇〇一年、二〇〇七年。他無奈地表示，要成立一間心導管室，除了昂貴的器材設備，還需要包括有經驗的心臟內外科醫師、放射師與護理師等團隊的配合；病人數量不足，也是限制醫院發展心導管的原因之一。

三十年前，宜花東地區沒有一位能執行心導管的心臟內科醫師，而他則剛學了一身好本領，正想找一所願意發展心導管的醫院，大展身手。

就這樣，他單槍匹馬來到花蓮，即使為了學習最新技術遠赴國外觀摩，也不曾離開醫院超過一個星期。

診視病人後，叮囑內科加護病房護理人員，他又快步上樓來到二六西心臟內科病房，查看了幾位病人。

前天中午，因為胸痛來急診的婦人，確認是心肌梗塞後，緊急做了心導管，正在住院中。她也是慈院的醫療志工，見醫師一大早就來查房，安心地露出微笑說：「王副，我要給您看喔！」

他點點頭說：「好，好。」

轉往其他病房途中，他提到心肌梗塞有高達七、八成病人都是自己來急診的。「我們一直在推救心、救命口訣，『**心痛喘、冒冷汗，卡緊叫救護車**』。大部分心肌梗塞的人都是以胸痛表現，只有百分之十到十五的人會以暈倒或其他症狀來表現；有的人痛到冒冷汗，還是自己坐計程車或開車過來，這樣其實很危險。」

值班那天，他總共做了四例緊急心導管，其中兩例是下午的門診看到晚上八點半結束後收到通知。一個是在診所猝死的老婆婆，一個是在民宿休克的男性遊客，都是由救護車送來。

老婆婆透過人工心肺復甦術、自動心肺復甦機急救後，心跳還是沒回來。放置葉克膜，做了緊急心導管，證實是心肌梗塞，因心臟肌肉大面積壞死，且冠狀動脈粥樣硬化阻塞，與家屬解釋清楚，拔除葉克膜，採安寧治療，幾個小時後，病人往生。

男性遊客在旅店幾度急救，到院時血壓、心跳都回來了。為避免心肌壞死擴大，先做緊急心導管，放了五支支架，但治療到一半，心跳又停止，緊急啟動葉克膜，所幸術後心臟恢復得不錯，只是意識尚未清醒。三十四天後，病人自行搭火車回高雄，轉診至高雄長庚醫院持續追蹤。

走出醫院，天已漸亮，綠繡眼*在樹上輕聲跳躍，他啟動車子引擎，往玉里方向疾馳而去。

* 綠繡眼：嘴巴短小，羽色青翠，胸腹灰白，眼圈鮮明，生性活潑，喜愛群聚，叫聲清脆。公園、草地、學校、馬路護欄及路燈都可見棲息，也常造訪樓房陽臺的植栽。

「錢」景無限

從花蓮慈院到玉里慈院，路程八十六點三公里，正常車速約一個半小時可以到達。或許是時間尚早，臺九線上車輛不多，白尾八哥*肆無忌憚地在路中央逛大街，直到車子駛近，才群飛而逃。

花東縱谷公路旁的稻田，讓人想起了他的家鄉屏東。前些日子，才在慈濟基金會副總執行長林碧玉的文章中，讀到對他父母的描寫——

「王志鴻副院長的父母親，到精舍拜會證嚴上人。王爸爸疼愛王媽媽，每一開口都令人驚呼連連，尤其當九十六歲的王爸爸輕輕地說：『我們已經結婚九十二年了！』現場一片譁然，原來王媽媽是童養媳，兩小無猜，一生呵護。兩老平常雖然愛『答喙鼓（吵嘴）』，卻又如膠似漆，鶼鰈情深，令人敬愛。

近年，王媽媽常住花蓮，王爸爸留在屏東，大家不斷邀約王爸爸同來花蓮。

王爸爸卻一再表達，來花蓮無事可做，在屏東除了自己種植幾甲地外，還是農業顧問，每日非常忙碌，不怕沒事做。」

童年，他住在屏東縣林邊鄉竹林村村外，上學、放學都要走一個多小時路程。大哥考上高雄中學後，感受到城鄉教育的差異，建議父母將弟弟、妹妹送到市區就讀；於是，在他小學四年級時，就和二哥、大姊、小弟以及叔叔家四個孩子，一起到高雄讀書，媽媽和嬸嬸則輪流來照顧他們這一群孩子。

後來，他和二哥也都考上高雄中學。在認真學習的讀書氛圍下，二哥成為臺北醫學大學醫學系學生，他則到臺中就讀中國醫藥學院中醫學系。

中國醫藥學院如今已改名為中國醫藥大學，當年創辦人有感中醫學的沒落，冀望以西洋科學方法來改進中醫藥的研究，因此中醫學系學生除了必修的西醫課程，還要加修一百多個中醫學分。

「我們畢業後，必須先取得中醫師執照，才能參加西醫國考。」他雖然擁有中、西醫執照，但按規定只能擇一執業。「我對西醫較感興趣，畢業後服完兵役，一九八三年進入臺北國泰醫院擔任住院醫師，接受一般內科基礎訓練。」

當時國泰醫院一年招收十二位內科住院醫師，他是在當兵最後三個月，才決定選內科，「我也曾想走外科，但外科太熱門了，在校成績不好，只能眼睜睜看著機會被別人選走。後來決定走內科，心想將來若沒機會留在醫院工作，等做完總住院醫師，就自己出去開業。」

一般內科住院醫師訓練分三年，第四年開始就是次專科訓練，包括傳統四大科：肝膽腸胃、心臟、胸腔、腎臟；以及感染、風溼免疫、腫瘤、血液、新陳代謝等。「三年內科訓練完成，要先通過內科專科醫師甄審，這時概括所有內科疾病的診斷，像是肝硬化、心臟衰竭、腎臟衰竭或感染等，百分之七、八十應該都沒問題。」他取得內科專科醫師證書後，接下來就是要選次專科。

「國泰醫院的心臟科向來頗富盛名，做開心手術的病人一年就有五、六百位，做心導管的病人一年更是超過一千例，訓練出來的心臟科醫師自然很搶手，因為人家會覺得訓練是夠的。」他選擇心臟內科的原因，除了性質最像外科富有挑戰性，能發揮緊急救命功能，也與他在擔任住院醫師第二年，大哥因風溼性心臟病開刀往生有關。

那是心導管技術在臺灣剛起步的年代，國泰醫院心臟內科於一九七八年開始做心導管檢查，是早期少數從事心導管的醫院之一。「當時還沒有健保，做一個心臟手術要一、二十萬，做心導管檢查也要三、四萬元，距離我進醫院才四年，國泰已經是臺灣很有名的心臟中心了。」他看到了這項新技術的「錢」景。

當時進行心導管檢查用的導管管徑約三公釐，比現在粗二分之一，只用於檢查，尚未運用在治療。檢查前，醫師會先在鼠蹊部（軀幹與大腿交界處）做局部麻醉，切一個小開口，將一個叫做套鞘的塑膠管送入血管，尾端留在開口外，將導管由套鞘導入血管，順著股動脈進入主動脈瓣附近的冠狀動脈開口。

這項檢查可以在心臟的各個空腔測量壓力、判斷心臟瓣膜是否正常、確定心臟內部及大血管是否畸型；還可以注入顯影劑到冠狀動脈，查看血管阻塞的位置及程度，有助醫師對於疾病的診斷與治療。

所有需要執行開心手術的病人，術前都必須做心導管檢查，以確認疾病的嚴重程度。而追溯心導管術最早被施行於人體，至今也才不到一百年歷史。

一九二九年，二十五歲的德國醫師沃納．福斯曼（Werner Forssmann），因搶救心跳驟停病人，需經胸壁穿刺進行心內藥物注射，常造成心肌或冠狀動脈損傷，而試想能否讓導管經由靜脈進入右心，再行注藥？

這個想法，透過文獻的印證，他確定有人將塑膠管深入馬的心臟，測量血管的壓力變化後，決定也在自己身上實驗看看，並拍下第一張人類心導管X光片，將成果發表成一篇論文。

然而，他冒險研究的勇氣，卻被主流醫界視為瘋狂之舉，從此沉寂轉往泌尿科發展。直到論文被法國醫師考南德（André Cournand）與美國醫師理查茲

（Dickinson Richards）發現，一九四一年開始將心導管作為診斷工具，心導管的應用才逐漸普及。一九五六年，他們三個人更因此獲得諾貝爾生理學或醫學獎。

他選擇好次專科，未來兩年就會在該領域深入學習。當時，國泰醫院的次專科訓練只保留四個名額，往年是讓大家先選科別——肝膽腸胃、心臟、胸腔、腎臟，最後各科留一位擔任總醫師。

「我們那年破例先選四位總醫師，再看各科的吸引力；我被票選為前四名，自然就順利留任。」最後心臟內科獲得兩位總醫師，他是其中一位，一起負責臨床和行政工作，包括安排實習醫師和住院醫師的教學等。

心臟內科兩年的訓練，十分扎實。他學習了心臟常見疾病的診斷與治療方式，熟悉心電圖、超音波、心導管檢查與影像判讀，了解照顧心臟病患者要注意的地方，以及如何運用心臟輔助器……

專注聆聽著他學醫的起步，不知不覺車子開進了薄霧中，那情景就像席慕蓉的詩：「霧起時……充滿了那不斷要重現的少年時光；霧散後，卻已是一生，山空湖靜……」一九九九年玉里慈院啟業，隔年關山慈院也開始營運，為了減少病人奔波之苦，這條路他一走就是二十二年。年輕時，他看到的「錢」景，早已被無數想像不到的前景所取代。

＊白尾八哥：繁殖快速、性情凶悍，常成群覓食。頭與翼較黑，背及腹呈灰黑，眼有黃虹膜，嘴和腳為橘黃，上嘴基有短羽簇，尾下覆羽及尾端為白色。公園、草地、學校、馬路護欄及路燈都可見棲息。

力排眾議

車子行經瑞穗舞鶴陸橋，不遠處就是北回歸線標誌公園，掃叭石柱、舞鶴臺地等景點就在附近，他的眼睛仍直視前方，以不超速為原則踩緊油門。

有一次下午，他在玉里慈院看完門診，返花蓮途中，在瑞穗路段看到一隻被撞昏的環頸雉*，趕緊下車查看。學生時代，他就是臺中野鳥協會的一員，曾經救治過在風雨中受傷的鳥兒。

租來的十二坪宿舍裡，他陸續養過五、六十種野鳥，平常則維持七到十隻左右，「我喜歡去找一些很稀有的鳥類，把別人認為不容易馴服的野鳥，抓來馴服，然後向同儕誇耀說：『這是可以馴服的。』」

提起往事，他只覺得那都是在造孽，沒什麼好值得說嘴的。「你要永遠對你所馴服的對象負責……」《小王子》一書中，狐狸的苦口婆心，他盡力做到，但是面對生命的輕與重，則早已有了另一番領悟。

心導管技術被運用於治療，最早是在一九六四年，美國醫師查爾斯・多特（Charles T. Dotter）以塑膠導管套疊在導線的方式，為腿部動脈阻塞卻拒絕截肢的老婦人擴張血管。

這次手術很成功，但在推廣初期，卻因技術尚未成熟，經常對血管造成無法彌補的傷害。直到德國醫師安德里亞斯・格倫登希（Andreas R. Gruentzig）承襲多特的思維，並在導管末端加上一顆可以充氣的球囊，依次在狗、大體身上進行實驗後，一九七四年首次使用氣球擴張術，為一名髂動脈嚴重狹窄的患者，疏通血管，解決腿部疼痛問題。

經過一次又一次的嘗試，三年後，格倫登希終於有機會將這項技術，施展在一名對開心手術感到恐懼的年輕患者身上。從此，冠狀動脈氣球擴張術進入介入性治療心臟學的新紀元。一九八三年，臺北榮民總醫院完成臺灣第一例冠狀動脈氣球擴張術；一九八八年，國泰醫院也進行了第一例冠狀動脈氣球擴張術。

「我從當住院醫師開始，打針、抽血等技術就學得比別人快，到了第四年住院醫師訓練，甚至做得比學長好。只要有空，我就窩在導管室，因為領悟力快，學長們做不來的，老師都會讓我試試看，學習機會也相對比別人多。」

早年外科系醫學教育採師徒制，在國泰醫院，他跟著兩位老師學習，一位是副院長邱恆正，一位是內科部主任兼心臟內科主任陳淮。「我從兩位老師身上學到對專業的嚴謹，跟邱老師更是學到做人的圓融。」

他勤快地學習心導管術，且完成了很多困難的個案，在心臟內科訓練兩年後，就被留下來當第一年主治醫師。「但因為會做心導管的醫師已經足夠，院方希望留下來的人，要出國去學習新的醫療技術，否則只能當永遠的第一年主治醫師。」

他思索著自己的未來——他已成家，在臺北有一間房子，當時房價正高漲，不然就把房子賣掉，和妻子帶著四歲和兩歲的兒子，一起出國進修兩年。和太太取得共識後，他便提出留職停薪的申請。

不意，另一位醫師已先一步申請出國學習。既然名額有限，留下來升遷無望，也不能留職停薪出國進修，他只好選擇離開國泰醫院，另找一家想發展心導管的醫院，貢獻所長。「決定離開時，大概有十幾家醫院找我去。」

媽媽關心孩子的前程，知道他處於抉擇階段，特地去找算命先生指點迷津。算命先生說：「這個小孩無梯能登天，離開臺北愈遠、發展會愈好，而且不管去哪兒都會有貴人相助。」

按規定，同時設有心臟內科及心臟外科的醫院才可以實施心導管術。他向中南部幾家醫院投履歷，面試後都已決定簽約了，一得知該院沒有心臟外科醫師可以配合，且院方對於發展心導管室仍持保留態度，便又猶豫了。

就在他舉棋不定的時候，國泰醫院院長陳炯明突然找他談話。「我在醫院六年，院長從來沒找過我。他告訴我：『花蓮慈濟醫院在找心臟內科醫師，你做心導管做得好，那地方是有發展的，你看看，若要，我可以推薦你去。』」

隔天，他就到花蓮和慈濟基金會副總執行長林碧玉面試。「我直截了當詢問：聽說你們有意發展心導管？」

「購置心導管室所需的設備，大約要五千多萬元，在當時是很大一筆數目。」他不確定院方是否肯為一個醫師做這麼大的投資。林碧玉回答他：「你若能在此安定下來，我們就積極來籌設心導管室。」

他到其他醫院面試時，院方都會主動說明工作內容、保障薪資與分紅。「林副總沒有跟我談薪水和條件，我也沒有特別詢問；心想醫院該有的制度，慈院應該都會有。後來才發現，慈濟給的待遇最低，其他醫院甚至是慈濟的三、五倍。」

那時的他，對慈濟一無所知，不知道證嚴法師、不知道慈濟功德會，在花蓮也沒有認識半個人。「只因為林副總承諾我要成立心導管室，所以我也沒再多想，就很認命地做下去。」

到職一年多之後，他才知道自己差一點不被聘用，「因為當時慈院沒有中醫科，連住院醫師都不收中醫系畢業的，怎麼會找一個念中醫系的來當心臟內科主治醫師。」

「是國泰醫院陳炯明院長和王欲明副院長共同推薦的，反正一年一聘，如果真的不行，明年就不要續聘了。」林碧玉力排眾議，並取得同是心臟內科的曾文賓院長同意。

一九八六年慈院啟業之初，招聘不到醫師，曾與臺大醫院建教合作，輪調住院醫師前來支援。兩年後，十幾位年輕醫師放棄回臺大升主治醫師的機會，決定留在慈院服務，心臟外科蔡伯文和趙盛豐即是其中之二；他們在臺大教授洪啟仁、陳楷模的指導下，一九八九年二月已成功執行了開心手術。

而心臟內科主治醫師除了曾文賓院長，其餘仍是支援性質。「曾院長投入臺灣心血管疾病流行病學研究，但他不做心導管，也沒辦法幫我忙，囝仔要做大人，要提早成熟。」

所幸，他也不是單打獨鬥，「臺大把第五年住院醫師，也就是總醫師的訓練，安排在花蓮。我一九九一年到職時，林申昌就是第五年住院醫師，週一到週四在花蓮看診，週五、週六回臺北學習。」

他和林申昌一起工作了一年半左右，運用放射線診斷科的儀器設備，做了一、兩百例心導管。「心導管室還沒成立，林申昌就離開花蓮，去了新光吳火獅紀念醫院，我差點就跟著他一起去。」

故事還沒結束，目的地已經到達。許是時候尚早，小鎮安安靜靜，除了停車場邊的洋紅風鈴木有些鬧騰，倒也為一旁灰色的乾淨建築添抹了幾分春色。

「有霧就會出太陽。」天空無雲，他輕鬆地邁步走向玉里慈院，大門口醒目的防疫動線，提醒人們拿出健保卡，一一實名登記，方得入院。

＊環頸雉：俗稱野雞、山雞、雉雞，因叫聲嘹亮被稱為「啼雞」，是臺灣特有的平原雉雞，又稱「臺灣雉」。雄鳥羽毛亮麗，雌鳥羽色單調有雜斑，常棲息於灌叢、竹叢或草叢中，善於奔跑，飛行快速而有力。

建立口碑

七點不到，病人已陸續來到玉里慈院。他們耐心地坐在診間外，輪到叫號時才一一進入。面無表情的臉龐一見到醫師，就像縮時攝影中的花朵頓時綻開。

「這衣服很漂亮，是女兒買的吧？女兒才會買這麼漂亮的衣服給爸爸。」

病人笑了。

「恁甲恁老母的身體顧得很好喔！」

另一個病人的家屬也笑了。

「伊說，你煮的比伊老母煮的卡好吃。」

再一個病人笑個不停。

他用三、兩句話，先緩和了病人的心情，再拿起水銀血壓計，親自幫患者量血壓。

這些都是拿長期處方箋的老病人，每三個月回診一次，候診時會先去量身高、體重和血壓，但血壓有的正常，有的飆高，老伯一坐下就說：「糟糕，我心跳一百九……」

「心跳？」跟診護理師古英梅也嚇了一跳，她操著布農族口音的國語問：「是糟糕還是血壓高？」

弄了半天，原來是「血壓高」。聞者莫不大笑出聲，老伯也是笑得歉然，直到醫師將聽診器放在左側胸口，周遭才彷彿定格了一般。

量血壓、聽心音，確認心臟無恙後，他問老伯睡眠狀況？老伯捲起褲管表示，雙腳皮膚癢，忍不住就抓傷。小鎮民眾多務農，他再細問：「有穿雨鞋嗎？」老伯搖搖頭。

「這是慢性溼疹。」三十五年前，他剛到花蓮慈院時，醫師人力不足，只要病人來掛號，什麼病都看。

「不是病毒感染喔！」老伯擔憂已久的心，終於放下了。

目前，他在玉里慈院心臟內科一個月看診人次是兩百多人，每週前往，平均一個診次五、六十人。再想起剛到花蓮慈院時，他幾乎什麼病人都要看，接觸到的心臟病患者有限，要做心導管的病人更是寥寥無幾，有些還是因為急診進來才不得不照會。

「跟病人說後天要做心導管，結果他明天就辦出院了。」等三、五個月過去，病人又出現在診間，他才知道患者已經上臺北做好心導管了。

「王醫師，你當初診斷的沒錯，很不好意思，因為孩子在臺北工作，要我去臺大醫院做，現在身體都很好了，但每兩週要到臺北回診很累，你這邊有沒有一樣的藥，如果有，我想在花蓮回診就好。」和病人慢慢接觸，他才發現是因為病人和家屬對當地醫療的不信任。

即便如此，他來到花蓮的第一個月，還是做了三例心導管。

第一例是六十四歲的原住民婦女，患有狹心症，因持續心絞痛來急診。以藥物治療後，症狀未明顯緩解，他懷疑是心肌梗塞，做了冠狀動脈攝影，發現心臟有缺氧現象，左前降支血管近端百分之九十五狹窄。

「我們的心臟有三條主要血管，一條是右冠狀動脈、一條是左迴旋支、一條是左前降支，這三條冠狀動脈又以左前降支最重要，一旦阻塞，除了會導致狹心症，也會造成嚴重的心肌梗塞。」

當時臺大醫院曾春典教授每週二上午固定前來進行心導管指導，便與他和林申昌組成醫療小組，為病人進行經皮冠狀動脈氣球擴張術。歷時一個多小時結束後，再做血管攝影檢查，狹窄現象已消除，病人隔天就出院。

十天後，又完成兩例經皮二尖瓣氣球擴張術。一位是五十六歲男性，兩年前運動時即有呼吸困難現象，經花蓮公保中心轉診而來；一位是四十五歲女性，一個多月來因呼吸困難，無法平躺，才來急診。

「許多心臟病患者初期只要吃藥即可，卻因沒有及時治療，才嚴重到需要開刀或做氣球擴張術。」他指出做氣球擴張術的好處，一是花費較傳統開刀少三分之一；二是不用剖胸，手術難度及危險性較低；三是手術時間短，從準備到完成只需一至二個半小時；四是病人恢復快，三天即可出院。

兩位病人經食道心臟超音波檢查，證實是風溼性心臟病造成重度二尖瓣狹窄，已達第三度心臟衰竭。這在過去只有做開心手術一途，自從有了心導管技術，以氣球將狹窄的瓣膜擴張即可。

「這兩位病人都是從鼠蹊部的股靜脈置入心導管，由右心房穿越左心房，經狹窄的二尖瓣到達左心室，然後將導管攜帶的特殊球囊撐開，來達到擴大二尖瓣的目的。」他解釋說，臨床上常見的風溼性瓣膜疾病，以二尖瓣最多，約占三分之二，主動脈瓣約占十分之一，兩者併發約占五分之一；其他瓣膜如三尖瓣、肺動脈瓣，約各占十分之一。

從做緊急心導管開始累積病患，他逐漸建立了好口碑，病人的親朋好友也紛紛找他看診。

「這藥一定要在這裡開嗎？我可以去關山慈院回診嗎？」

「可以啊！」

「這裡好遠，那邊比較近。」

「關山都固定看早上，單週星期五，你可以去那裡看。」

「最近體力差，人懶，想睡覺。」

「抽血檢查都很好啊！」

「常想說要問你什麼，三個月來　次就忘了。」

「那你就把它記下來，再拿來給我看啊！」

「有些藥會衝突，就沒吃了。」

「這些藥不會衝突啦！」

見他耐著性子回答不同病人的問題，跟診二十多年的古英梅忍不住爆料，「他以前是個脾氣很差的醫師，原本還有幾名護理師跟他的診，後來都受不了，說本來沒有心臟病，會變成有心臟病。」

原來，有些病人感冒也來看心臟科，神經痛、這邊痛、那裡痛都來找他看，「個性急加上病人多，有時候看一看，情緒難免會上來，我都不管他，我說病人喜歡給你看，你就看啊！」

「他喜歡看病，不是看病人。」已退休的心導管室護理師汪婕whom，說出跟他一起工作十幾年的觀察，忍不住偷笑，「有時在門診遇到說東道西的病人，他自己都說聽到快睡著了；但只要高度懷疑病人有心血管問題，他精神就來了！」

在花蓮慈院，他上午診從七點看到下午一、兩點，下午診從一點半看到晚上八、九點，面對一個又一個的病人，他其實非常有耐心。「我的耐心都用在有需要的病人身上，我可以花半個小時跟病人解說，再跟病人家屬的老大講、老二講、老三講……」

窗外的小巷靜寂無聲，一隻烏頭翁*站在電線桿上，四處張望。診間內，病人進進出出，一位剛剛看過診的歐巴桑，拿出一個保溫瓶說要倒自己煮的咖啡給他喝；一會兒，又有人去附近買了熱騰騰的包子進來，就怕他一早出門肚子還餓著呢！

＊烏頭翁：為臺灣特有種，幼鳥頭部羽色為灰，成鳥頭頂至後頸羽色烏黑，喙黑色，嘴側黑色顎線像八字鬍，下嘴基有顆紅斑點，翼的覆羽、飛羽及尾羽呈灰橄欖綠；形態、習性與白頭翁相似，較顯著的差異僅在頭部羽色不同。

值得信任

病人是一名五十八歲男子，住在以「有機米」聞名的玉里鎮東豐社區，曾經兩度心肌梗塞，各置入一支支架。

「上星期本來就要來回診，有事情去了臺北，趕不回來。昨天又感覺有點怪怪的……」

「你笑一笑……」他仔細聽著男子的心音。

「再笑一遍。」男子呵呵笑著，黝黑的臉龐露出白牙。

「最近工作會不會覺得不舒服？」

「我都不敢做事，都請人做……」

「下星期一到花蓮做一下核子醫學掃描，有問題會顯現，沒問題就比較放心。」他解釋那是將鉈-201注射到靜脈血管，經由冠狀動脈進入心臟肌肉細胞，若冠狀動脈狹窄或阻塞，鉈-201就無法進入心臟肌肉，掃描影像就會顯示出來。

護理人員聽到醫囑，立刻叮嚀病人，「前一天晚上十二點後就要禁食，可以喝水。」

「有你真好。」男子由衷地表示，因為他知道眼前這位醫師行事果決，若有需要就會趕緊為病人安排做檢查，不容片刻耽誤。

男子提及自己第一次心肌梗塞發作，是六、七年前的五月。那天清晨四點半，他感覺胸口刺、麻、痛，左手像肌肉拉傷，痠痛無力，一陣一陣，愈來愈嚴重，接著開始冒冷汗。

父母一個中風、一個罹患肝癌，一直都是他在照顧。他怕驚動老人家，雖然很喘，還是勉強從床上慢慢起身，披上衣服，打電話給住在附近的二姊。

「病情其實是循序漸進的，發病前半年，我就感覺到左手和右手指尖會麻，大約五、六分鐘，頂多一個鐘頭就消失了。我一直很注意身體，因為我在照顧老人家，不能讓自己出狀況。」

「剛開始沒經驗，只是覺得不對勁，偶爾會不自主地暈眩，因為一閃就過了，加上身體狀況還不錯，沒有意識到嚴重性。後來，暈眩頻率愈來愈高，指尖麻的頻率也愈來愈高。」

發病前兩天，他還爬上屋頂做遮陽網，大太陽底下晒了一整個上午，以為自己是中暑了。二姊開車載他到玉里慈院，花了一些時間做檢查，醫師確認是心肌梗塞，安排救護車將他送往花蓮慈院。「我是被王副救起來的。」他接受了心導管治療，放了一支支架，之後就持續追蹤。

直到二〇二〇年五月，他在綠油油的稻田裡想著如何驅趕「烏嘴鵯仔*」，那種不舒服的感覺又來了。

這次他很謹慎，知道要趕快去醫院，又怕救護車找不到人，自己走走蹲蹲，平日二、三十步就可以到達的距離，頓時變得好遙遠。

這時，友人剛好路過，他卻因對方年紀大，不敢告知，只說自己不舒服要開車上醫院。

上了車，他一手握著方向盤，一手用力拍打心包經，從手臂內側最上方，往下拍打到手掌處，不到十分鐘，就抵達玉里慈院。一番周折後，又被轉送花蓮慈院做心導管，置入一支支架。

事後，他才得知拍打心包經是網路謠言，保命之道還是應打一一九，請專業救護人員提供緊急處理方式，或請人尋找AED（Automated External Defibrillator，自動體外心臟電擊去顫器），萬一心跳停止時，可用來急救。

幾度命懸一線，男子不免抱怨偏鄉醫療設備比不上大醫院，他曾問在玉里榮總當醫師的同學：「若是玉里三間醫院能統合一下，是不是會更好？」其實他也知道這是個無解的問題，轉念又說：「應該發個願，來募捐一下！」

對比今日，三十年前患有急性心肌梗塞的花東病人，又該如何？幸運者靠著溶解血栓的藥物，打通阻塞，但血管再通率往往只剩六、七成。若是南下到高雄就醫，開車最快要四、五個小時；北上到臺北求診，五、六個鐘頭也跑不掉，似乎只能盡人事、聽天命了。

「早期的病人，能跑臺北的，大部分都去臺北做心導管。」王志鴻很能理解病人的作法，也因此更感念有時間做決定，最後卻選擇留下來治療的患者；當年六十三歲的黃玉女，就是其中一個。

「她因胸痛到臺東馬偕醫院求診，被診斷為小面積心肌梗塞，服藥後還常有胸痛等不舒服症狀，才從臺東來花蓮慈院就診。」後來，他才知道黃玉女四十多歲就加入慈濟，先生是小學校長王添丁，慈院的籌建也有他們的一分力，選擇在「自己的醫院」做治療，是基於全然的信任。

「心導管室尚未成立前，王副是借用我們的人員和儀器設備做心導管。」醫事放射科主任黃麗娟當時是放射線診斷科的放射師，她協助操作用來執行心導管手術的多用途單面血管攝影儀，是慈院於一九八九年花了兩千多萬元添置的，可提供全身各部位及器官，如頭部、胸部、腹部及四肢的血管攝影檢查。「但這不是專門用來檢查心血管，相較之下，影像解析度比較差，做心導管的難度也比較高。」

王志鴻就這樣運用現有的儀器，將一支帶有氣球的導管，經由導線從黃玉女的股靜脈血管進入，順著血液到達冠狀動脈狹窄處，再利用氣球膨脹的壓力，把狹窄的血管撐開，達到血液暢通的作用。

雖然配合的時間不到兩年，但黃麗娟對他做心導管的記憶猶新，「真的是快、狠、準，一點都不會讓人覺得擔心。」

「儀器精密度不夠，護理師和放射技術師都是兼任，只能做心導管檢查和簡單的治療，太複雜的病例還是會建議到北部去。」當時支架尚未引進臺灣，氣球擴張術的再阻塞率高達百分之三十到五十。黃玉女經他治療後，定期從臺東搭四、五個小時火車到花蓮回診、拿藥、做檢查，加上自己用心保養，血管維持得還算不錯。

二〇〇〇年關山慈院啟業，黃玉女不用再來回奔波，就近回診即可。氣球擴張術的效果，在她身上維持了二十幾年，才又因血管窄狹來花蓮慈院找王志鴻置放支架。

「她已經九十三歲了，去年（二〇二〇年）歲末祝福，我隨師到臺東靜思堂時，還跟她合照。」王志鴻提及，花蓮慈院心臟內科主治醫師張懷仁就是黃玉女的孫女婿，不僅長期支援玉里慈院的門診，也在慈濟大學醫學系擔任助理教授。

「讓食物成為你的藥物，你的藥物就是你的食物。（Let food be thy medicine and medicine be thy food.）」致力於研究素食與心血管疾病關聯的張懷仁，在多次分享中，以醫學之父希波克拉底所言，提醒大家「人如其食」，要以大量蔬食和全植物飲食取代肉類，才能擁有更好的腸道菌，而擁有好的腸道，才會有好的心臟。「所以說『好心腸』，腸不好、心就不好！」

「為什麼有些人活到一百歲，血管彈性還很好，有些人年紀輕輕，血管就阻塞？」他直言道，有一部分是有跡可循，有一部分是特異體質的關係。「大部分病人是能評估風險，經由預防讓疾病到很老才發生。」

「人的心血管約從十歲開始出現老化現象。隨著年歲增長，血管內壁的沉積物愈來愈多，血管變窄、變硬，就是常說的動脈粥狀硬化。若引起血管內徑阻塞超過百分之六十以上時，就會影響細胞供血，進而出現缺血症狀，再嚴重就會導致不可逆的心臟肌肉衰弱和壞死，急性就是心肌梗塞，慢性就是缺血性心肌病變。」

「黃玉女感覺胸口悶痛、緊緊，像是被人石頭壓住，喘不過氣，又不能確定是哪一點痛，這是因為心臟供血不足，心肌缺氧而導致的心絞痛。」他表示，病人甚至會出現疲倦、冒冷汗、呼吸短促等症狀。

至於哪些人是冠狀動脈粥狀硬化的高危險群呢？在他的門診中，以三高（糖尿病、高血壓、高血脂）病人占大多數，「若有家族遺傳、肥胖或抽菸者，則罹患的風險會更高，通常男性發生的機率是女性的兩倍。」

他提醒大家，「男性腰圍大於九十公分、女姓腰圍大於八十公分，就算是中廣體型，還有ＢＭＩ（身高體重指數）大於等於二十七達肥胖標準者，罹患心血管疾病的機率都會增加。」

他隨口提及週四上午做的兩例心導管，「他們身體不舒服來門診，診斷察覺有心臟缺氧現象，可能是心臟血管阻塞造成冠狀動脈供血不足而缺氧，就建議他們做心導管檢查。」

「冠狀動脈心臟病患最好的治療選擇，就是在還沒發生不良事件前，利用心導管放置冠狀動脈支架或選擇心臟外科做血管繞道手術。」他三十幾年來大多在治療這類病人，「這是心臟科領域最常見的疾病，占日常診療病人六成以上。」

冠狀動脈心臟病絕對不是老年人的專屬疾病，他就曾遇過年僅十九歲的患者，因此一再反覆強調與提醒，預防仍是勝於治療，「尤其是有多重動脈粥狀硬化危險因子的族群，除嚴格遵守與執行醫師的醫囑外，最重要的還是要保持運動習慣，適當的運動能有效維持心肺功能的健康。」

＊烏嘴鵯仔：斑文鳥的俗稱，因叫聲「嗶——嗶——嗶——」而獲名，身型似麻雀，背部褐色，嘴型粗厚錐狀色黑，胸腹有黑色鱗斑。常成群出現在平地，以及低海拔的草叢、農耕地區。

心導管室

每週五到玉里、關山看診，總會讓他想起早年去偏鄉義診，住宿在臺東縣大武鄉一位志工經營的旅社，從房間窗戶望出去就可以看見蔚藍大海，「好美！」有一回，他還在海邊溼地，看見白鶺鴒*如波浪狀飛行，邊飛邊叫。

那時，他來花蓮慈院工作不到一個月，內科同事邀約他參加三天兩夜的義診；學生時代，他就常參與學校的公益社團，因此想也沒想就答應了，「那是我第一次了解慈濟這個團體在做什麼？」

原來慈院成立之前，在花蓮市就有一個慈濟義診所，除了每週固定兩次看診，也不定期下鄉為貧病民眾診療，如此已進行了十四年之久。慈院成立後，不僅延續了偏鄉義診這項服務，也號召院內醫護同仁一起加入。

那次義診的地點，是比臺東市更遠的太麻里鄉和大武鄉，他發現了一些沒有被診斷出來的先天性心臟病患者，就介紹他們來慈院開刀。「大人可以留在花蓮治療，小孩還是得轉診到臺大。以前分科沒有那麼細，要找小兒專科醫師就很困難，更何況是小兒心臟科醫師。」

走出院外，是他認識慈濟與花蓮的開始。他愛上這裡的好山好水，也深切體認到花東地區醫療資源的缺乏，或是診斷上的偏差，或是無法獲得適當治療，使得許多輕症患者硬生生拖成重症，甚至是無法醫治。

實際接觸後，他才明白證嚴法師為何要不計成本在花蓮設立醫院。而他所擅長的心導管技術，不用開刀就能解決心血管疾病患者的問題，可以提供花東地區心臟病患最快最好的服務。

他決定主動出擊，邀約花蓮各家醫院的心臟科醫師聚餐，自我推薦慈院已具備做心導管的技術，也開始籌畫成立心導管室，希望有需要的病人，可以就近轉診過來。「病人流來流去，他們會聽到病人對治療結果的風評，結果好、可性度夠，人家就願意推薦。」

「醫院高層一直很尊重醫師的專業需求，臨床上有需求的設備都會盡量讓我們買，儘管當年基金會的財務很艱鉅，心導管室還是很快就發展起來。」二十八年前，慈院耗資五千多萬元，購進美國奇異公司最新型的心臟專用雙面心血管攝影儀，以及最新型的各種心導管室周邊設備；心導管室的規畫，從檢查房的闢建、機器安裝、試車到啟用，他都親自到現場監督施工。

一九九三年五月，籌設多時的心導管室終於成立了，二十四小時待命成了他的生活常態。「我是一個好吃好睡的人，可以隨時被叫起床，躺下去三、五分鐘就睡著。」他自認抗壓性強，適應這樣的工作生態完全沒問題。

「他幾乎沒有休假，頂多就是抽空回一趟臺北的家，但只要花蓮這邊一有狀況，他立刻搭下一班飛機趕回來。」比他早三年到慈院任職的醫療志業副執行長郭漢崇，知道他是不忍危急病人錯失搶救的機會。

為掌握救命時效，除了門診，他每天待在心導管室的時間經常超過十二個小時。只要有醫師開出做心導管的照會單，經他研判有必要做且還能救，就一定會在當天完成。心導管設備啟用後三個月，他總共做了八十幾例心導管檢查，其中有二十位施以氣球擴張術。

一九九一年七月至一九九五年八月，花東地區能做心導管的心臟內科醫師，只有他一位，「來來去去也有一、兩個，如果我休假，就只好拜託國泰醫院的醫師來幫忙值班。」

這段期間，他總共完成了九百四十三例心導管。當時，治療性心導管術使用最多的是經皮冠狀動脈擴張術、經皮二尖瓣膜擴張術及其他的動脈成形術，經皮冠狀動脈擴張術是以心導管的技巧來擴張狹窄的冠狀動脈，對於多種急慢性缺血性心臟病，都有很好的治療效果，甚至能適時挽回垂死的性命。

一日，證嚴法師來到慈院，午後行經心導管室，見他仍在忙碌，關心詢問，才知是剛為病況危急的患者疏通心血管，還在善後中。

他打開電腦，指著螢幕影像向法師解釋，患者心臟的三條血管阻塞了兩條，清晨六點多被送到醫院，施以經皮冠狀動脈氣球擴張術治療，血管恢復暢通後，已送到加護病房。

「病人會不會不舒服？」針對法師的問題，他肯定地回答：「不會，因為血管內徑沒有神經，只有導管在插進時，會有像打針一樣的輕微感覺而已。」

接著，他舉起一條細細的管子說：「就是靠這條管子救人——可別小看它，光一條就要三萬多元。」

換下手術服，他陪著法師到加護病房探視，患者身體雖虛弱但已能說話，甚至可以吃中飯了。

心導管室設立後，他給了自己一個目標——六年內，要讓慈院成為訓練心臟內科專科醫師的中心；一九九九年，他果真達成這個理想，訓練出來的第一位心臟內科醫師陳炳臣，目前在大林慈院服務。

心導管室啟用隔年，專任護理師汪婕渝報到。

她本來是林口長庚醫院心導管室的護理師，隨著先生工作調動來到花蓮定居，因為閒不下來就去診所應徵，醫師看到她的履歷開玩笑說：「我們這小廟容不了你，去門諾吧！」鼓勵她不要埋沒她的長才。

她在門諾醫院的加護病房擔任護理師，遇到了心臟內科吳文揚醫師，一聊之下，得知她熟悉心導管室的器材設備，就引薦她到慈濟。

「王副覺得自己像撿到寶，我在長庚有三、四年導管室的經驗，駕輕就熟。」一開始病人很少，汪婕渝除了在心導管室，也要負責運動心電圖和超音波的操作。「後來，一傳十，十傳百，病人才愈來愈多。」

全民健保是一九九五年才開始實施，沒有公保和勞保的病人，光是做超音波或運動心電圖，就是一筆不小的負擔，「王副會盡量幫他們看診，有些檢查做一做，經濟弱勢的病人往往就沒開繳費單。」

「我們都是二十四小時 on call。」有一次颱風天，她的車子送保養，接到通知，便冒著風雨騎摩托車到醫院，先生抱怨「你們的命不是命嗎？」她只想到自己從事護理工作的使命。

大約有十幾年時間，心導管室就只有汪婕渝一位護理師，「王副覺得我們這樣就可以了，而我也算耐操，有時他約病人七點或七點半做心導管，我們也得提早上班。」

「王副是尼龍胃，可伸可縮，他可以從早上上手術檯之後都不吃，直到手術完成。」一起工作了二十一年，已經退休的汪婕渝，最佩服的是，「做心導管時，導引導線要靠手感，不能亂戳，會把血管戳破，遇到瓶頸時，王副總是很冷靜。」

另一件讓汪婕渝印象深刻的事，是有一次病人送他自己種的釋迦，很大、很漂亮，「那天他看完診已經八、九點，知道我喜歡吃釋迦，巡房後離開醫院，還特地將釋迦送來我家，因為他隔天要到臺北開會，怕放太久不新鮮。」

「心導管室人員直屬主副管理。」汪婕渝感受到主管的貼心，卻也直白地說：「他自己任勞任怨，凡事為醫院、為病人著想，不會幫我們爭取什麼福利，因為他自己就不爭取；但我們把事情做好，他也不會管太多。」

＊白鶺鴒：短錐形嘴，上下喙皆為黑色，俗稱牛屎鳥仔。農村生活中，常見於牛糞中啄食寄生蟲。繁殖期，雄鳥的頭頂、背部及胸部為黑色；非繁殖期，頭頂與背部為灰色，胸部黑色區域較小。

持續學習

「苦啊！苦啊！」中年女子的心情就像白腹秧雞*在清晨和黃昏時的叫聲。

從小在美國長大、十年前決定返臺定居的她，是因高血壓問題來花蓮慈院就診。「吃血壓藥已經七、八年了，換過好幾種血壓藥，副作用都很強。」

她表示，最初並沒有不舒服，是看中醫時量血壓，醫師發現她血壓偏高，建議再去看西醫。因為父母都有高血壓，她也算是高危險群，掛了心臟內科看診後，便遵照醫囑開始吃藥。

誰知道不吃還好，一吃反而毛病百出，噁心、抽筋、口乾、頭痛等，增添她不少困擾，便擅自停藥了。有一天，她頭痛欲裂、開始嘔吐，趕到醫院掛急診，血壓一量兩百多，醫師建議她還是要規律服藥。

她下定決心要與藥物和平共處，無奈副作用時刻困擾著她，因為經常出差的緣故，也換過很多醫院、試過不同醫師，卻一直未能解決她的問題。「一直到給王副看，才吃得比較平順。」

高血壓分為原發性高血壓和次發性高血壓。針對病人的疑惑，王志鴻解釋道，原發性高血壓是指沒有原因的高血壓，占百分之九十五以上，而百分之五是屬於次發性高血壓，可能是有其他疾病共同存在，沒有控制好，造成血壓上上下下，更多的是受神經性因素影響，當交感神經受影響引起血管收縮，就會造成血壓上升。

「尤其是更年期前後的女性，再加上病人因生活步調改變，造成交感神經和副交感神經平衡失調。」他接著說明高血壓的藥多達十幾種，以不同藥理機轉把血壓降下來，有的是讓血管擴張，有的是將神經阻斷，有的是增加腎臟離子和水分的排泄，即所謂利尿劑；神經阻斷又分為從中樞神經、從周邊神經、從腎血管神經阻斷等。

「藥物使用一般都會引起反射性的其他障礙，也就是抑制了這個問題，會造成另一個問題，所以降血壓藥物的選擇，宜個人化考量，否則可能適得其反。例如，病人是屬於交感神經比較興奮型的，醫師給她使用的藥物是血管擴張型的鈣離子阻斷劑，容易引起反射性的心跳加速和血管擴張，反而會造成她的不舒服。」

看似閒聊的問診過程中，他注意到了病人個性上的特質，開給抑制交感神經的高血壓藥，就可以針對病人的問題去解決。「重點是要去分析，而不是只看血壓的數值。」

高血壓的藥分短效型、中效型、長效型，同一種藥物在不同的病人身上，也會產生不同的作用。「有些病人血壓沒有控制好，是因為持續時間不夠久。有些人的體質很會消耗藥物，同樣的藥物，在張三身上可以持續二十四小時，在李四身上也許就只能持續十六或十八小時。」

他表示，當藥效沒辦法持續二十四小時控制時，病人每天早上量到的血壓就會很高，醫師若因此加重常規服用的藥，沒去評估下午或晚上的血壓，病人可能會因為藥效太強，吃完藥後的三、五個小時，血壓降得太低，造成不舒服，進而影響服藥的遵循度。「能掌握藥物的特性和病人血壓高的屬性，施予適當藥物才能將血壓控制好。」

對於血壓比較難控制的病人，他會請他們量吃藥前、睡覺前等不同時段的血壓，「配合已知道這個藥物最高濃度是什麼時候，從這些時段血壓的變化去判斷，再針對不同個體調整藥物。」

年近七旬的婦人，進診間前量血壓一百七，進診間後再量還是一百七，「會不會中風啊？」她擔心地詢問，也不解明明在家裡量，血壓都很正常。

「不會啦！你這是白袍高血壓，走出去醫院就好了。」他解釋，有些病人是來醫院才血壓高，在家中血壓並不高，醫師如果沒有耐心好好分析，血壓藥一直加，病人變成姿態性低血壓，或持續低血壓，隨便動一下，頭就暈了。「這就是醫源性的不舒服，來自醫師治療所造成的不舒服。」

根據國民健康署統計，全臺約有五百多萬人患有高血壓。在不斷衛教宣導下，大部分民眾都知道高血壓只要按時服藥，就可以獲得很好的控制。

然而三十年前，王志鴻初來花蓮之際，不僅常見高血壓重症患者，風溼性心臟瓣膜疾病嚴重到需要動經皮瓣膜擴張術的病人也很多。「其中，幾乎多是因孩童時期感染引起風溼熱，急性期後未能做後續預防措施所造成。」

他想起他的大哥，就是因為孩童時期得到風溼熱，沒有好好診斷和治療，引發風溼性心臟病，「就讀臺灣大學期間，他開始出現心臟衰竭現象——會喘，在臺大當護理督導的遠親，帶他去看診，醫師建議動手術，置換心臟瓣膜。」

「那時沒有健保，開一個心臟就得賣一棟樓房。」他的大哥開刀後，病情還是繼續進展，後來在加拿大居住期間，在當地又開了一次刀；在他擔任住院醫師第二年，大哥又回臺灣開刀第三次刀，還是無法挽回生命。

風溼熱是上呼吸道感染A群鏈球菌後，使心臟、關節、皮膚、腦部等產生炎症反應，患者通常是學齡期兒童，若造成心臟瓣膜永久受損，就稱為風溼性心臟病。

「第一次得到風溼熱通常都不會很嚴重，有沒有侵犯到心臟瓣膜要懂得診斷，例如聽看看有沒有心雜音，或是從心臟超音波了解瓣膜是否異常。大哥第一次發病時，臺灣都還沒引進心臟超音波。」

「到花蓮後，我陸續發現一些風溼性瓣膜疾病病人，因沒做鏈球菌感染的預防措施，導致疾病反覆惡化。經過每個月施打一次盤尼西林，打到二十七、八歲，風溼性瓣膜疾病不再惡化，就不用開刀。」病人後來都順利結婚生子。

另外，他在北部醫院服務時，根本很少看到結核病，更遑論是肺結核引起的心包膜炎。二〇〇一年，他還遇過一個很奇怪的心包膜積水病人，抽了積液、給予消炎藥物後，還是不見好轉。

「心包膜積水是臨床常見的心包膜疾病，病人經過治療，卻嚴重到化膿，開刀引流化驗後，發現竟然是糞小桿線蟲引起的心包膜發炎。」他表示，糞小桿線蟲是一種腸道寄生蟲，按照常理是不可能跑到心包膜。

在花蓮，每當遇到各種疑難雜症，他第一個想到的就是打電話請教邱恆正老師，老師說他做心臟內科醫師那麼久，也沒遇過這樣的病例。後來才確定，這個個案是全球首例，醫學界前所未見，老師自然也是沒見過。

慈院在一九九六年，曾收治一名二十五歲、患有肌肉萎縮症的女性病患，因腹痛住院，病情卻急轉直下，醫師雖已確認是糞小桿線蟲感染，緊急給予投藥，仍挽不回患者性命。

糞小桿線蟲是慈院檢驗科最常發現的寄生蟲，通常只要進行打蟲治療，患者很快就能痊癒。病人往生後，醫師說服家屬接受病理解剖，並找到原因是糞小桿線蟲繁殖量過多所致。

原來，病人長期服用類固醇，免疫力降低，寄生蟲便隨著血液循環，從腸子鑽過腸壁，跑到心、肺、肝、脾、腎臟，甚至連腦和脊椎都有，幾乎是鑽滿全身。因此，對於免疫力差的患者，慈院特別引進除蟲新藥。

心包膜積水患者確認是糞小桿線蟲感染後，他立刻用新的除蟲藥連續施打兩個星期，病人就完全恢復了。

面對不曾見過的疑難雜症，他除了透過電話諮詢老師的意見，「無步，也要自己想步。很感謝宜花東病人，非常有耐心讓我們慢慢治療，不像北部的病人，三天沒好轉，大概就轉院了。」

冠狀動脈介入性治療技術，如置放支架、雷射電燒治療、旋磨技術、經食道心臟超音波、血管內超音波、心臟節律調節器、植入性心臟內去顫器等，都是後來才引進臺灣。

當時，臺大醫院曾春典教授固定每週二會到花蓮支援。「較困難的心導管病例，我都會安排在他來的時候做。」他把握每次求教的機會，也利用短暫休假去其他醫院接受訓練，甚至利用三、四個工作天，到美國參與最新的心導管會議，大部分時間則是靠自我摸索學習，每天花十二到十六個小時待在醫院。

「國泰醫院是我的母院，早年辦了很多心導管會議，我都會回去學習，尤其是邀請到國外專家來時，例如前總統李登輝的日籍醫療顧問、心導管權威光藤和明博士，就跟著去學習比較複雜的病例。」他認為心導管就像開刀一樣，很多新技術其實都是舊技巧的延伸，舊技巧做得好，新技術就學得快。

他覺得除了自己苦練，可能也有一點天分，「技術性的東西練到一定程度後，能不能創新，要靠自己的拿捏與膽識，就像模擬手術只能帶入門，每個病人都是千奇萬變，愈有經驗的醫師，實際運作策略就會愈多。」

在醫療資源匱乏的花蓮行醫，並不妨礙他與世界醫學接軌的心，「當臺灣很少人從手腕橈動脈做心導管時，他已經率先施行此項手術；當日本醫界可以做多支心臟血管支架時，他已經有了臨床經驗。」慈濟基金會副總執行長林碧玉肯定他在專業上的努力精進。

「像經食道超音波、心律調節器，以前花東地區也沒有人會做，只有我會做。」剛到花蓮的第一年，有一回署立臺東醫院內科主任來電求援，一位年長原住民婦人心跳過慢，已來不及送臺北，「我從花蓮帶著暫時性心律調節器坐救護車趕去，先在加護病房做植入手術，維持她的心跳，再轉送到花蓮慈院置放永久性心律調節器。」

跟上醫學最新腳步固然重要，帶領團隊成長也不可忽視。為了學習旋磨技術、血管內超音波等，他們取得病人同意，一起前往他院觀摩與實作，或是請臺灣做的最好團隊來花蓮慈院教導。

「技術性的醫療是很傳統的工業，必須手把手教，臨床學習無法越步，一定要踩好每一階，才能有所體會。」人力不足的年代，他得全科全能，為爛腳病人通血管、為洗腎病人通廔管，一年置放一、兩百個心律調節器……隨著年輕醫師陸續加入團隊，他也隨著個人興趣，培養他們朝不同領域深入。

＊白腹秧雞：俗稱「臭屁股仔」、「苦雞母」，生性靈敏，長腳趾、短尾巴，黃嘴、黃腳，背為深石板灰，臉、脖、胸為白，下腹和尾下覆羽有紅褐色塊，身體兩側稍為扁平，使易穿越蘆葦和矮樹叢。

救心小組

「我曾在鯉魚潭看見好多紅冠水雞*。」「那裡生態很豐富，是花蓮很好的賞鳥地點呢！」二〇〇二年五月，從臺北載送旅客到花蓮的遊覽車司機陳先生，一路上聽著大家說說唱唱，卻不知怎麼總感覺「心糟糟」。

隔天上午，抵達目的地不久，他突然感到一陣胸悶、心痛，症狀持續一個多小時，才被送到慈院急診。取出健保卡掛號、填寫初診資料，不一會兒的功夫，胸口疼痛加劇，陪同人員趕緊攙扶他躺上病床，短短幾分鐘，已說不出話來。他有聽到醫師說要趕快進行手術，簽下同意書後就失去意識了。

四十七歲的陳先生，從來沒有感覺到心臟不舒服，也沒想到胸悶、胸痛竟然就是急性心肌梗塞，醫院啟動「救心小組」為他進行心導管手術，快速移除血栓、放置血管支架，降低心肌壞死的比率。

隔天一早，主治醫師王志鴻到加護病房看他時，陳先生忍不住就哭了。原來，十四年前慈院還在建設時，大姨子曾向他募款。他一個月收入才一、兩萬元，要養五個孩子，經濟頗為吃緊，但一念善心起，決定每個月捐一千兩百五十元，用一年時間圓滿一張病床。

還記得當時同事跟他說：「這間醫院在花蓮，你捐錢也享用不到。」他想一想，分期付款還負擔得起，可以幫助有需要的人，何樂而不為呢！他真的萬萬沒想到，有一天自己會住進花蓮慈院。

一九九八年六月，慈院引進花蓮第一臺葉克膜；八月，二十四小時救心小組成立，由九位心臟內外科醫師與兩位心導管技術人員，為有需要的患者提供立即性服務。

「最主要是針對急性心肌梗塞患者，而急性血管併發症，包括急性肺栓塞、急性主動脈剝離，也都在救心小組處理的範圍，每天要有一個心臟科醫師二十四小時待命，收到通知後，十到十五分鐘內到醫院。」經過多年的努力，現在的救心小組，包含王志鴻在內，已是超過六十人的完整團隊。

「急性心肌梗塞會造成不可逆的傷害，心臟缺血壞死無法重生，需要盡快打通阻塞的血管。」王志鴻提到所謂的治療黃金時間，「全世界的專家都認為，從醫院急診室的門口開始算起，九十分鐘內將血管打通，預後會比較好。」

衛生福利部對於急重症病人的治療，依照六項（急診、急性腦中風、急性冠心病、緊急重大外傷、高危險妊娠孕產婦及新生兒、加護病房）照護能力評比，把醫院分三個等級——一般、中度、重度急救責任醫院。

慈院是目前花蓮縣唯一的重度急救責任醫院，也與東部各區域醫院、診所達成默契，一旦有急性發病病患，一通電話，救心小組成員就能在病患轉送間三十分鐘內，完成相關術前準備；待患者一抵達急診，就能從綠色通道進入心導管室，平均約六十分鐘就可以打通血管，完成救援任務。

花蓮第一位心臟內科醫師、目前開設診所的吳文揚，就與王志鴻聯手搶救過無數心臟病患者。王志鴻常常一接到吳文揚的電話，就立即衝到急診室門口接患者。因為從診所開車到慈院，不用十分鐘，吳文揚往往等不及救護車，就自行開車轉送緊急病患。

「吳醫師是一個對病人相當友善、對醫療十分專業和敬業的前輩。」每一次合作，吳文揚都會將心電圖與病歷基本資料備齊，讓王志鴻一接手，便可立即進行心導管。

「我是他的前輩，但他是我的老師。」吳文揚表示，有一次將患者轉送到慈院，從病發到進入心導管室接受手術，短短不到三十分鐘，如此速度即使在美國緊急醫療系統完整的國家，也無法達到。

「基層醫療負責的是長期照顧與疾病衛教，醫院是急症救護，要讓患者接受最好的治療，醫師間要有良好的默契與快速的溝通。」對於東部終於可以做心導管治療，吳文揚深刻感受搶救患者的便利。

除了緊急病患的處置，落實雙向轉診制度，也有益於共同照護心臟病人。二十四小時專人即時掛號、即時回覆轉診病人就醫資訊、保留轉診號快速通關服務、整合轉診病人檢查排程，並結合健保署電子轉診系統與花蓮慈院轉診平臺，讓原看診醫師能透過系統查閱三十天內，轉診病人在花蓮慈院的就醫資料，包括門住診病歷摘要、各項檢驗以及核子醫學等檢查報告。

因高血壓固定在吳文揚診所就醫的黃先生，就是在一次回診時，表示胸悶、胸痛，醫師整合他的症狀描述、抽菸習慣和檢查報告，認為有可能是急性心血管疾病，便將他轉診至花蓮慈院做進一步檢查。

進行運動心電圖等相關檢查後，吳文揚與王志鴻共同確認黃先生需接受心導管治療，轉診第三天就入院，術後兩天即出院，恢復狀況良好的黃先生，又回到熟悉的吳文揚診所進行後續追蹤。

吳文揚表示，雙向轉診制度對病人來說就像是有「雙主治醫師」，「花蓮慈院的醫療平臺還具有雲端病歷功能，讓雙方醫師都可以清楚病人的狀況，共同討論制定出適合的醫療計畫。」

「這是一種默契和使命，我們團隊有這樣的默契，和各個醫院、診所之間也有這樣的默契，因此十年內就做了五千例心導管，之後每年更以一千個病例增加中。」王志鴻說明，這五千例包括心血管阻塞、缺血性心臟病的心導管治療與檢查，大部分心臟病手術前心導管評估心臟功能，心律不整病人的心導管檢查與治療，以及照顧心臟病人時，透過心導管評估療效與設計治療方針等。

「我的命是你救起來的！」二〇〇七年三月，做心導管後第一次回診的甘先生，慶幸自己此時可以談笑風生。

原來，他因心臟不適來慈院掛急診，由於症狀不明顯，醫師便請他回家休息。「那天剛好你也有診，我又掛了號，但你的病人實在太多了，我就跑去門諾醫院，醫師發現狀況不對，馬上幫我轉診到慈院。」

王志鴻到急診室為甘先生診斷後，幫他辦理住院，準備隔天動手術。沒想到做心導管的過程中，甘先生發生急性心肌梗塞，幸而救心小組立刻啟動，將他從鬼門關搶救回來。

甘太太不解地問：「為什麼一開始急診室沒檢查出來？」

「因為那個時候狀況還不明顯，並不容易察覺。」王志鴻解釋說，甘先生血管裡的粥狀硬化物剝落時，雖然幾次都讓他很不舒服，但都安全過關。這次也是粥狀硬化物又剝落，才造成急性心肌梗塞，幸好是在手術檯上，得以及時搶救。

隨著智慧型手機的普及，慈院醫療資訊化的應用也有助於救心小組的快速因應。二〇一四年二月下旬，來自中國江西的七十五歲陳先生，和太太參加臺灣環島旅行團，開開心心遊玩到花蓮，卻因突然胸悶、心絞痛而緊急送醫。急診醫護團隊做完心電圖檢查，立刻透過手機傳送報告，照會心臟內科醫師會診，當天值班的王志鴻進行判讀後，認為是急性心肌梗塞，便馬上啟動救心小組。心肌梗塞從發作到休克再到死亡，往往只有幾個小時。「要趕快做心導管檢查，如果確認是心血管阻塞，就直接放支架。」他匆匆趕到急診室向陳太太說明接下來的醫療行為。

「醫師說十幾分鐘就檢查好了，一開始我還不太相信。」陳太太是醫院護理部主任退休，深知急性心肌梗塞的嚴重性，「在中國做心導管手術，要兩週才能出院，因為知道手術風險比較大，原本是不太同意進行手術。」

然而，陳太太也明白不做手術，先生隨時有性命之憂，聽完詳細解說後，她終於放心地將先生交託給醫護團隊。

心導管檢查果真花了十幾分鐘就完成，陳太太透過電腦螢幕了解先生心血管阻塞情形，簽署同意書後，緊接著進行置放支架手術，短短不到三十分鐘，就打通阻塞的動脈。

「臺灣醫院素質高、技術好、服務品質真正好！感謝花蓮慈濟醫院挽救我愛人的生命！」陳太太表示，他們第一次到臺灣旅行，人生地不熟，遇到這種緊急狀況，很是惶恐，慶幸就醫過程獲得熱心協助。

「這在我們那邊可是不得了的事情，短短幾個小時，就把我這個事情處理得這麼好。」在醫院待了四十八小時後，陳先生出院與旅行團會合，繼續未完成的旅程。返回中國後，又特別致電感謝醫療團隊的照護。

＊紅冠水雞：晝行性鳥類，外型似雞，全身披覆黑色羽毛，上下喙前半部為黃色，靠近上喙基部為紅色，頭額處有一長條狀的鮮紅色肉瘤，善游泳、潛水，不善飛翔，腳細長，跑得很快。

七點有約

女兒陪著七十多歲的父親走進花蓮慈院診間，王志鴻看了病人在臺北做的檢查報告，便說：「那就安排明天做心導管，排早上七點半，可以嗎？」

這位父親是第一次來掛他的門診，女兒竟也沒多問什麼。次日一早七點多，父女倆已坐在心導管室外等候。

「爸爸是老菸槍，最近幾個月覺得呼吸會喘、不舒服，猜想是血管有阻塞，先到診所看，醫師要幫他轉診到大醫院的心臟內科，我覺得轉診、做檢查、再回診看報告，麻煩又花時間，就跟爸爸說來花蓮找王志鴻醫師，因為先生也是他的病人。」

原來十二年前，她的先生才三十六歲就裝過支架。「他當時菸齡已十幾年，覺得自己抽菸又經常熬夜，需要做一下全身健康檢查，還特別自費做高階的，六十四切電腦斷層、核磁共振都有做。」

醫師表示，六十四切電腦斷層掃描結果，懷疑心臟有一條血管阻塞，建議轉診看心臟內科。雖然健檢的部分數據呈現紅字，但因為沒有任何症狀，先生便決定先努力運動，再觀察看看。

過了沒多久，有一天，他剛游泳上岸坐在池邊，卻突然昏倒掉進水裡，旁人見狀趕緊將他救起，扶到醫務室休息。後來他才知道，心血管有阻塞是不能做太激烈的運動，游完泳又去使用烤箱和蒸汽室，血管擴張後又急速收縮，易引發局部超急性栓塞反應。

幸好他的情況並不嚴重，休息了一會兒就回家了。他認為自己是太勞累的緣故，但心裡又覺得怕怕的，過了幾天便到張邦珍診所就醫。醫師安排他做運動心電圖等檢查，結果顯示無異常。

他覺得狀況不應如此樂觀，便問醫師：「我感覺自己隨時會有生命危險，但檢查心臟又顯示沒問題，如果我是你最親最親的家人，你會怎麼替你的家人安排下一步？」

張邦珍沉思片刻說：「不然這樣好了，我幫你轉給慈院的王志鴻醫師，他是心臟方面很資深的內科醫師。」

他帶著檢查報告來到診間，王志鴻也不相信那麼年輕怎麼心血管就阻塞了，「六十四切電腦斷層對有鈣化血管阻塞評估的準確度大概只有百分之八十，做心導管檢查才能百分之百確認。」很快地，他就接受了心導管檢查。

「注射顯影劑後，醫師立刻請我進去看，透過電腦螢幕的影像，告知血管阻塞的狀況，支架要放在哪個地方，解釋的非常清楚。心導管檢查加治療一次完成，兩天後就出院。」太太表示，幸好先生很早就注意到健康問題。

在醫師的叮嚀下，他終於將菸癮戒除，三個月回診一次，按時吃抗凝血劑和防止血管粥狀硬化的藥，定期抽血做檢查，身體況狀一直維持得不錯。

王志鴻固定於每週二、四上午做心導管，正常開始時間是八點半，為避免讓遠道而來的病人等太久，他就調配自己的時間，提早七點或七點半開始。

不只是做心導管，週一上午花蓮的門診，原本是九點才開始，因為病人愈來愈多，他先是提早到八點，後來又改成七點，還是常常看到下午一、兩點才結束。而週三下午的門診，看到晚上八、九點也是常態。

病人知道他看診時，午餐、晚餐時間都不休息，有人送來關東煮，有人送來炒米粉，而且都特別買素食，也有水果和糖果，愛吃糖的他笑笑說：「幸好我沒有三高問題，但這像不像在大拜拜？」

一次看診到晚上八點四十分，他才拿起志工送來的便當，許是坐了一整個下午，他不拘小節站著就吃，幾句話語間就結束晚餐。

「患者都知道，除非我有事情，不然七點開始看診就一定七點，這是堅持二十多年的成果。」他提早七點開始看診，並不是一時衝動，而是為了讓工作更順利，揣摩出來最好的運作方式。

「為了讓看診更有品質，除了花蓮的門診提早，玉里和關山也一樣，所以大概清晨五點以前就要出門了。」他常告訴年輕醫師，有些事情是來自「堅持」，要守成維持不容易，很多事都是因為沒有堅持，結果就會很可惜。

工作上的堅持，贏得病人的信賴；生活上的堅持，則為自己儲備好體力。「早年我也打高爾夫球、踢足球，進院長室三個月後就不打了，但每週跑步至少兩次，每次五公里，四十五分鐘左右，盡量持續。」

這麼多年來，他看過的病人也不少，有一部分是屬於心理引起的內分泌、神經等相關問題，有沒有看診、吃藥，影響比較不大。「我主要是看真的有大病的，像是藥物的調整和使用，對病人的病情有決定性的因素。」

「病人常常幾天沒吃藥，病情就轉壞了。」慢性重症患者需要有經驗的心臟專科醫師照顧，而他最重要的目的，也是希望在慢性病的治療上，提供醫學中心的照護品質。

「王副對我很好。他說，若有事找他，到病房或心導管室都找得到他。」皮膚黝黑、額頭髮際線呈M字型的王先生，才五十三歲就顯得滄桑。患有先天性心臟主動脈瓣狹窄的他，家住花蓮北濱，每三個月到慈院回診，拿連續處方箋。

二十二年來，他的病情控制得還算不錯，「醫師說這種病，開刀後跟正常人一樣，可以跑、可以跳，只是需要每天吃一顆藥，也不覺得麻煩。」

他還記得四十二年前，被父親帶到慈濟義診所求診的情景，「那時，我讀小學四年級，運動或跑步會突然暈倒，每次暈倒，大人幫我抓一抓、按一按就醒過來了。後來又暈倒一次，大人就說應該去看一下醫師。」

當天來義診的是省立花蓮醫院內科醫師吳鴻儀，他聽了家長所描述的症狀，拿起聽診器仔細聽了又聽孩子的心音，說是懷疑心臟有問題，建議到臺北的大醫院做詳細檢查。

他們一家人斷斷續續接受慈濟幫助已八年，若是到臺北就醫，光是父子倆的交通費就是一筆錢，更何況是醫藥費。他們先到門諾醫院請教醫師，醫師安排照X光、做心電圖，最後很無奈地告知，花蓮沒有可以檢查心臟病的儀器，也沒有專科醫師可以進行心臟手術。

「當時，慈濟醫院還沒開始蓋，從花蓮到臺北沒有火車，搭客運要十個小時。」王先生露出童心的笑容說：「是慈濟幫助我們搭飛機去的，那是我第一次坐飛機。」

原來，證嚴法師擔心小小孩子身體不堪負荷長途顛簸，儘管機票錢是客運的十倍，還是安排他們父子搭機到臺北。也因為這個個案，法師清楚知道花蓮缺乏治療心臟病的設備和醫師。

後來，確診是罹患先天性心臟病，需要儘快動手術，就利用暑假北上開刀。「出院後，醫師開了一個星期的藥，沒說需要繼續回診。」他很快就恢復正常生活，跑步也不再暈倒了。

六年後，十七歲的他到臺北工作，因享有勞保，決定再回醫院追蹤，卻檢查出心臟有發炎跡象，醫師再次為他動手術；之後，病情穩定，直到三十一歲，才又復發。幸好，那時健保制度已實施，他拿到重大傷病卡，回診一次只要一百元。

「第三次排定開刀那天，剛好遇上九二一地震，還順延了一天。開刀後，我沒再去臺北回診，因為花蓮慈院已經蓋好了，就近讓曾文賓院長看診、開藥，後來又由王副接手。」早已回鄉照顧父母的王先生，印象深刻地說。

「凡事只要有衝突，都是以病人和工作為主。」在花東地區只有他會做心導管的那些年，太太安排好的家族旅遊，他願意花錢改飛機班次，隔天再自己去會合。

有次休假，志工邀他去採橘子，才到醫院門口會合，他又要求：「等我五分鐘！」原來，是跑去加護病房確認病人的狀況，才放心離開。

「古、戶~固」進入果園，一聽到特殊的鳥叫聲，他立刻請大家稍微安靜，隨後便指著遠處一隻頸背有著黑底白點的鳥說：「是珠頸斑鳩*。」志工們驚訝他對鳥的熟悉，紛紛稱他是「鳥博士」。

他把病人和工作排第一，病人也用心意來回饋。一位年近九十的原住民老阿嬤，自知狀況不好，特別在他來巡房時說：「王醫師，你照顧我這麼多年，我很感激你，但我真的不行了，我要回家了，你不要再愁眉苦臉，你已經很用心了，我想回去了，我已經看到我的主在天上等我了。」

離世前，老阿嬤又跟家人囑咐：「幫我跟王醫師說一下，我走後請他不要太傷心。」

一位來自外地的老師，經歷急救、電擊到做心導管，才終於被救回一命，一年後，他畫了一幅〈印象中的王志鴻醫師〉，送到花蓮慈院致謝。

一個阿伯回診時，手拿著鐵便當盒，「這是阮牽手煮的菜，伊聽講你愛吃伊煮ㄟ，叫我擱拿來……」

＊珠頸斑鳩：閩南語稱「斑甲」，眼球黑色，虹膜橙色，嘴喙黑色，先端有勾狀。前額、頰部與頭頂灰色，喉部到腹部為栗紅色。後頸到頸部兩側黑色，雜有白色圓形斑點，彷彿珍珠，極為醒目。

下鄉門診

大女兒和小女兒推著坐輪椅的九十三歲老父親進來診間。

老人一開口就傾訴，「喘氣痛到心臟快迸開，可以聽到『咚！咚！咚！』的心跳聲。」原來，他昨天整個人昏迷、癱軟，女兒趕緊送他到玉里慈院掛急診，醫師電擊後，他恢復意識，打了點滴，就回家了。

「他昨天回去，吃完東西還能自己洗碗。」特地從北部趕回來的小女兒表示，「父親現在還能走，腦筋也靈活，今天剛好是正常回診日，就再帶他來玉里慈院。」

王志鴻仔細聽了聽老人的心音，「這心律不整是心房顫動引起的，現在還會痛嗎？」

「不痛了，會暈。」

「有去過花蓮慈院做過心臟瓣膜檢查嗎？」

大女兒說：「有，趙盛豐醫師建議開刀，我們討論後決定不開。」小女兒解釋道，一則是考量手術風險，再則是考量醫療費用。

「主動脈瓣狹窄合併心房顫動，隨時都可能出事。原本用心導管術置換瓣膜，手術費用要一百多萬，二〇二一年二月一日開始，健保針對八十歲以上老人，意識清楚、沒有洗腎，只要申請通過，就會全額給付。」

「裝完就可以回家嗎？」小女兒好奇地問。

「要住院三、五天，這算是低侵入性手術，需全身麻醉。」他解釋，不管是傳統開胸手術或心臟微創手術，都要接上心肺機，讓心跳停止，對年長患者來說，風險較高。而經導管主動脈瓣膜置換術（Transcatheter aortic valve implantation，簡稱 TAVI），只要從鼠蹊部切開約零點五公分的傷口，可以大幅降低感染機率。

他對著老人說：「你的初步條件看起來是符合的，如果要做，先去花蓮慈院照一下超音波，資料先送審通過再來做。現在先去照X光、做心電圖，我再看一下。」

一九九九年八月，玉里慈院啟業不到半年，院方希望王志鴻接任院長一職，但他對行政工作向來不感興趣，「之前要我擔任花蓮慈院內科主任、醫務部主任，我都是用沒有教職為理由推掉，但是玉里慈院是地區醫院，就算沒有教職也可以。」

他想了一個晚上，自知是推不掉了，便答應了下來。

「八年前，他剛來花蓮時，一個人也不認識，現在是最受病患歡迎的醫師之一。」慈濟基金會副總執行長林碧玉陪他到精舍，向證嚴法師報告玉里慈院新任院長一案，並推崇他的草根親和力將有助院務推展。

法師談及自己創辦花蓮慈院的緣起，「現階段最重要的是建立東部醫療網，讓東臺灣的民眾免去奔波往診之苦……」談話間，他的叩機突然響起！是急診室通知，有位從臺東馬偕醫院轉診過來的病患，要請他會診。

「若玉里和關山可以提升醫療品質，病患就不用如此辛苦，跑這麼遠的路了！」為了不耽誤他的時間，法師簡短提醒，「在時間、體力有限的情況下，要照顧病人又得兼顧行政工作，且不能偏廢學術上的研究，勢必相當辛苦。」

一股被理解的信任襲上心頭，他聽到法師進一步叮嚀，「要協助陳英和院長建立臨床教學系統，做為一名醫師，若未取得醫術地位，想領導人是不可能的；看病是醫師的天職，現在要更上一層樓，也不能放棄臨床的醫療工作。」

於是，除了臨床教學，他也到慈濟大學醫學系擔任講師，逐年升等助理教授、副教授，而今已具教授資格。「在校成績吊車尾也能成為一名教授。」與年輕醫師分享時，他總愛以游泳來比喻，「不管用什麼方法，只要肯努力向前游，就會到達岸邊。」

二〇〇〇年三月十五日關山慈院啟業，他開始提供門診服務，兩年半後又兼任關山慈院院長一職。這四、五年期間，他不辭路遙前往看診。

有一回，隨證嚴法師的座車前往關山慈院的路上，他興味十足地遙指苦楝樹向大家做介紹，「你們看！那就是苦苓！這裡過去有一棵，那裡花白白的樹，也是苦苓！」

苦楝若開花　就會出雙葉
苦楝若開花　就會出香味
紫色的花蕊　隨風搖隨雨落
苦楝若開花　就會春天來
苦楝若開花　就會結成籽
紫色的花蕊　隨風搖隨雨落
田嬰停佇厝邊角　白頭殼樹頂做巢

一陣囝仔佇樹腳　掠蟋蟀仔佇相咬

三月天，苦楝紫色的花蕊綴滿一樹，散發淡淡的清香。莊柏林的詩《苦楝若開花》，描寫白頭翁來築巢、頑童在樹下玩耍等畫面，彷彿他的童年再現。

他想起曾在富里鄉的臺九線外環公路上，見過兩隻大冠鷲*在教子——母鳥呵護幼雛的叫聲，十分輕柔；教牠們飛翔時，叫聲如同教練訓球員般果決；待小鳥羽翼豐滿，母鳥驅趕牠們離巢的聲音，可就毫不留情了！

「你自己在想的啦！」法師聞言後，笑笑地說。他則像個認真的孩子，堅持所見是真，「鳥還在會空中交談呢！」

二〇〇五年五月，他推薦長期駐診玉里的張玉麟與關山的潘永謙接手院長職務，終於卸下行政重任。此時，臺北慈院也啟業了，為了服務慕名到花蓮做心導管的北部病人，他情願自己週六一早搭火車到臺北看診，就這樣花蓮、玉里、關山、臺北四地的門診持續至今。

住臺東的五十五歲婦人，因血壓高到診所就醫，醫師聽診後表示心跳不太正常，朋友介紹她到花蓮慈院找王志鴻醫師，經心導管檢查確認血管沒有狹窄，她就定期回診拿心律不整的藥。

「本來會喘，吃了藥比較不會喘，但關山慈院沒有這種藥，我只好來玉里回診。」她清早五點就起床準備，希望能早點就診，不要耽誤孩子太多時間；得知以後到關山慈院也可以拿藥，她忍不住抱怨，「這裡真的太遠了！」

「我一個人到花蓮看病，從玉里包計程車到慈院，來回差不多要四千元，常得到處揪人一起搭，分擔車資。」過去，他曾聽過病人如此抱怨，也知道有些病人來回就醫得花上兩天時間，若是老人家或行動不便者，需人陪同，耗費的金錢、時間和精神又更多了。

此後，他在花蓮慈院門診時，只要發現病人住在瑞穗以南，便請他們就近到玉里慈院。有一段時間，他在玉里慈院每個月的門診量達六、七百人次，每次掛號都到一百多號甚至兩百號，早上七點開始看，一直看到下午三、四點。

「心臟科病人平均一個月到三個月回診一次，比較挑醫師。以前，我是一個星期下鄉一天，之後發現，病人太多，看診品質變得不好，就改成一週兩天。」隨著關山慈院啟業、臺東馬偕紀念醫院設立心導管室，病人分流，加上花蓮慈院前往玉里和關山支援的心臟內科醫師增多，他才恢復一週下鄉一次。

「王副希望整個醫療大環境能變好、水準提升，讓有需要的民眾能獲得很好的照顧，如果病人就近可以找到好醫師，不一定要舟車勞頓來找他看診。」他的祕書李幸璉中肯地表示。

曾有計程車司機跟他說：「王醫師，你不要再去玉里看病了，這樣我的生意差了很多。」但他站在病人和家屬的角度想，只要醫師一個人往返，就可以減省許多病患來回奔波的時間和金錢，很值得。

大部分人認為，偏鄉門診量不如大都市，在鄉下當醫師應該「很閒」，然而在花蓮行醫三十年、到玉里和關山看診也二十多年了，他可是一刻也不得閒。「身為醫師，心態應該是到哪裡都一樣，重要的是有沒有辦法待在某個地方，確實扮演好自己的角色。」他在偏鄉就遇到很多需要醫學中心服務的病人，有需要就轉診到花蓮慈院治療，實際提升服務量，也讓臨床的研究更多元性。

「這樣持續看診，最大的收穫還是病人的回饋。」低他兩屆的學弟、桃園龍潭敏盛醫院腎臟科主任郭和煙，心臟病發作要做心導管檢查，第一個想到的就是跑去花蓮找他。「醫療行為其實是一種信任，關山、玉里病患給我的最大回饋，就是對我的信任。」

「無論在哪裡，我最喜歡做的事情就是當醫師、看病人。」對他而言，去病人需要的地方，永遠比去自己想去的地方更有意義。「我不會說累、更不會想要放棄，甚至還想增加診次，因為這是我對病人的承諾和責任。」

「在花蓮很忙，忙一忙就睡了；在慈濟團體很好，都不用去應酬。」他想起初來花蓮時，把收藏的許多洋酒也都帶來了，曾幾何時，洋酒成了擺飾，菸早已戒了，三餐也遠離葷食。

「這是病人自己種的有機高麗菜。」他拿出手機，點選相簿，得意地展示自己下麵條、燙青菜、煎顆荷包蛋的美味晚餐兼宵夜。「到醫院後就很少可以坐下來十幾分鐘，飲食都不正常，大約只有晚餐才能正常吃。」

＊大冠鷲：因頭頂後方黑白相間的長冠羽而得名，又稱蛇鵰。眼先和腳趾呈鮮黃色，胸腹密布白色斑點，翅膀褐白相間，叫聲高昂，遠處可聞。主要棲息於中低海拔山區，城市近郊亦可見，常築巢於近水邊的樹冠，一巢只生一個蛋。

預約限定

週六清晨，王志鴻從花蓮搭六點零一分的普悠瑪號火車，八點四十分人已坐在臺北慈院的診間開始看診。

「早年是花蓮人跑到臺北做心導管，後來是臺北的病人去花蓮找我做心導管。」二〇〇五年五月臺北慈院啟業後，為了免去北部病人奔波回診，他情願自己辛苦一點。

這個門診是限醫師約診，病人幾乎都是到花蓮看診後才被轉回臺北。從啟業跟診至今已十六年的林明珠，熟練地安排病人就診、做檢查、看報告，「王副一個月來臺北看診一次，如果出國或有事，就延一週或提早一週，原則上是不會停診。」

那日陽光晴好，診間外小小廊道坐滿候診病人。他們多是結伴而來，或是陪同就醫，或是一起來看診。

兩位女士和一位五十多歲男子就是一起來看診的。穿著貴氣的年長女士，是男子的母親，「我兒子是三年前去花蓮給王副做支架，朋友介紹，慕名去的，放了兩支支架，之後再去花蓮回診一次，然後就每三個月到臺北慈院回診。」

年長女士本身也有高血壓問題，固定在臺北的醫學中心拿藥，因為陪伴兒子做心導管、回診，就決定「跳槽」，「王副非常照顧病人，也讓我們感覺很權威，病人相信醫師，藥就會更有效。」

她說明，不是原本醫師開的藥無效，就是少了一分親切感。

她和一群好姊妹固定每週三聚會，大家都上了點年紀，身體難免有些狀況，退休前從事護理工作的汪婕渝，就成了大家請教的對象。她就是在汪婕渝強力推薦下，帶著兒子去花蓮慈院做心導管。

一起回診的好姊妹，年紀比她小幾歲，卻有心律不整的問題，深夜一發作，心跳狂跳到一百五、一百六，到各大醫院掛急診，後來在門診用藥物治療一段時間，效果有限，醫師建議她做電燒手術，但她聽人家說電燒很不舒服。遲疑之際，汪婕渝告訴她，三年前花蓮慈院已引進心臟冷凍消融儀，推薦她到花蓮找曾赴美留學的蔡文欽醫師治療。

二〇二〇年十月中，她到花蓮慈院接受冷凍消融術治療，住了四天三夜，之後又到花蓮回診兩、三次，「一切正常，蔡醫師就建議我以後到臺北慈院給王副看即可。」

心臟疾病，在衛生福利部歷年公布的十大死因中常是排名第二。

為了因應日趨複雜的心血管疾病，心臟科除了分為小兒心臟科、心臟內科、心臟外科，心臟內科醫師又細分血管結構介入型、電器生理侵入型、非侵入型（即影像、流行病學、基礎研究）。

「我是屬於血管結構介入型心臟內科醫師，而蔡文欽則是電器生理侵入型心臟內科醫師。」王志鴻表示，除了一般的心臟內科病情診療，血管結構介入型醫師還要會運用心導管技術治療心臟問題，如擴張血管瓣膜、置放支架、放置瓣膜、關閉缺損與異常血管等；電器生理侵入型醫師，則專精做電生理檢查、心律不整燒灼，和節律器、去顫器的植入。

「心律不整是很廣泛的心臟疾病，有一大部分是不需要治療，只有少部分需要治療，汪姊的朋友是那種會有不好結果的心律不整，最常見的像是心房顫動，運氣不好會中風。」

他解釋，大部分心律不整會先採用藥物控制，控制不好再做電燒。傳統治療方式是透過電能產生熱能，來破壞不正常電路的心肌組織，使心臟回復正常電路傳導。新型的冷凍消融治療，就是俗稱的「冷燒」，以低溫讓病灶細胞萎縮死亡，可大幅降低併發症，成功率高達百分之九十六。

「病人對我和蔡醫師都信任，後續回診由我接手也沒問題。」他在臺北慈院的週六門診，一般民眾掛不到號，但「親朋好友」只要打一聲招呼，就沒問題。

「親朋好友」的範圍其實很廣，像幫公公來回診拿藥的婦人表示，大約四、五年前，公公因為胸悶在桃園的醫院做檢查，醫師表示是心血管阻塞，但公公不相信。「他的朋友住在花蓮，熱心地說要幫他掛一個很厲害的醫師，他搭一大早的火車就跑去花蓮了。」

大約十點多，她的先生接到醫師親自打來的電話，說心導管檢查確定是血管塞住了，裝支架需要家屬簽同意書。於是，夫妻倆匆匆忙忙跳上計程車，搭飛機趕去花蓮。

「那次公公裝了兩支支架，因為戒不掉菸，後來又去花蓮裝了兩支。」婦人表示，只有裝支架是去花蓮，回診都是到臺北慈院。

一進診間坐下來，婦人就解釋道，公公已臥病在床，腦筋時好時壞，但心臟用藥還是不能停，因此來代拿長期處方箋。

「會不會喘？」

「不會。」

他仔細詢問病情，婦人則叨叨絮絮說著：「公公吃東西吃不下，睡不好就更難餵食，也沒力氣大便，只好給他吃便祕藥，也請看護幫忙照顧。」

他耐心傾聽，也同理病人家屬照顧的辛苦，「年歲大了，身體機能也會愈來愈差，維持現況就算是很不錯了。」

七十七歲老婦人，患有高血壓和糖尿病，原本住在雲林斗六，就近在大林慈院看診。兒子到臺北做生意，把老人家接到三重住，「醫師幫我轉診給王副，來看十幾年了。」

「恁囝ㄟ炊粿生意應該不錯吧？」面對醫師的詢問，老婦人笑了笑，隨即又煩惱地表示，上次回診抽血報告顯示三酸甘油脂較高，「原本你要我一天吃半顆降血脂藥就好，回家後我將檢驗報告單拿給孫子們看，他們說我血脂較高，叫我半顆改吃一顆。本來吃半顆，要切一半，我怕粉掉浪費，就改成隔天吃一顆。」

「降血脂的藥，兩天吃一顆可以，一天吃一顆就沒油脂了。」他用病人可以理解的方式提醒藥物不能濫用，例如降血壓的藥就不能這樣吃。

五十二歲的阿德，也是他十多年的老病人。「那時臺北慈院才剛啟業，我週一到週五要上班，聽人說這個醫師不錯，且是週六看診，就來掛號了，當初是掛得到。」

他診斷是肥厚型心肌病變，有心雜音，還沒到需要開刀的程度，建議先吃藥，再觀察一陣子。「吃藥改善不大，就沒再來看。工作時，胸悶、不舒服就休息一下，後來工廠生產線停掉，才又來回診，先把身體照顧好，再找工作。」

因藥物治療效果不佳，三年前，他安排阿德去花蓮用心導管做酒精栓塞術，「和裝支架剛好相反，心肌梗塞是裝支架打通血管，醫師說這種手術是要製造人為的心肌梗塞，讓肥厚的心肌壞死。」

兩年前，阿德因為感冒夜咳一個月，併發二尖瓣脫垂，必須開刀治療。他詢問阿德是否願意到花蓮慈院讓心臟外科趙盛豐醫師開刀。

「過完年，我就去花蓮報到，當作是度假。」阿德輕鬆地表示，開完刀比較不會胸悶了，但還是需要到花蓮回診幾次。

一會兒，有人敲了敲診間的門，並探頭進來問：「王副，我朋友說掛不到您的號。」

「到診間加號就可以了。」跟診人員林明珠代為回答。

門診中，最多的「親朋好友」當屬慈濟志工，他們都是「慕名」到花蓮慈院掛他的號，然後再轉到臺北慈院回診。

「我爸爸看到您，什麼毛病都沒了。謝謝您把我們一家都照顧得很好。」一位志工帶著九十多歲的父親來看診，在他面前誇耀八十幾歲的母親都是老爸爸在照顧。

「我媽媽之前住院，媳婦要幫她洗澡，她都不肯，凡事也都要我爸。」他舉自家例子，笑笑回應，並叮嚀：「下次回診要抽血喔！」

志工表示，父親多年前懷疑有血栓要裝支架，就安排到花蓮做心導管檢查，

「結果王副說是先天性心臟瓣膜閉鎖不全，只要吃藥控制就可以了。」母親是三高患者，不僅有糖尿病、高血壓，膽固醇也太高，就順便帶來看診；女婿則有遺傳性高血壓，也是固定來拿藥、複檢。

就這樣一個帶一個，醫病之間療癒身心也摶了感情。

有一年春節，連續九天假期，他照舊既定的行程。小年夜前一天是週五，早上到關山慈院看門診，下午到玉里慈院看門診；小年夜當天再搭早班火車，到臺北慈院看門診。「因為各地都有老病人，不用讓病人趕來看我，我去看他們就可以了。」

這天看完診，走出臺北慈院大門，已過午時。他快步邁向大坪林捷運站，準備回家。順著醫院前的長型造景池往前走，他眼尖指著一隻飛動的身影，「是紅嘴黑鵯[*]，北慈能擁有這麼一個生態腹地，很難得。」

* 紅嘴黑鵯：紅嘴、紅腳、長尾巴，全身黑溜溜，頭頂龐克頭，喜愛戲水，喜食莓果，叫聲多變，有時「嘰喳、嘰喳」，有時「喵～喵～」如貓叫，是布農族與泰雅族傳說中的聖鳥。

愛

之所在

越洋來電

公園地面上，出現一個快速旋轉漩渦，人們只要再往前探一步，彷彿就會被那深不可測的黑洞整個吞噬……這是印度裔英國籍藝術家卡普爾（Anish Kapoor）的代表作《沉降（Descension）》，正在美國紐約布魯克林大橋公園展出。

那是二〇一七年五月，張濟舵剛從厄瓜多回到紐約，正打算再去海地，他自是沒有時間走進布魯克林大橋公園，但一股強勁的黑色漩渦，已在他必經的路上悄悄形成……

「阿芬啊，你們趕快回來看看阿母。」妻子張蕙芬接到張濟舵的三姊從臺灣打來的電話，是婆婆又因細菌感染住院了。

婚後第四年，也就是一九八七年，臺灣紡織產業發展最高峰的那一年，張濟舵被老闆外派到美國設立紐約分公司，張蕙芬和三歲的大女兒、兩歲的小女兒留在臺灣。眼看一個小家庭就要各分東西，幸好在父母的支持下，張濟舵安頓好自己，不到兩個月就將她們母女接了過去。

第一次赴美，張蕙芬持的是旅遊簽證；後來在公司的協助下，第二次赴美就順利取得眷屬E-2簽證，一次擁有五年居留權，到期自動延續。張濟舵原在紡織公司負責國外銷售業務，經常有機會代表公司出國接洽客戶；赴美設點、拓展業務、招聘人員後，他一樣得東奔西跑，有時一年返臺十餘次。

張濟舵有五個姊姊、一個哥哥，媽媽三十八歲才生下他。大他三歲的哥哥，在高中時因治療牙齒，受細菌感染引發敗血症而早逝，儘管捨不得小兒子離開身邊，父母還是用祝福成全了他的事業和家庭。所幸，張濟舵兩地來來去去，張蕙芬則利用暑假帶孩子們返臺，維繫著彼此間的情感。

然而，隨著原物料價格暴漲，紡織業也面臨高工資、勞動力短缺、環保意識抬頭、新臺幣升值，以及新興紡織產業國家的低成本衝擊。自一九八七年開放至海外投資後，「臺灣接單，海外生產，外銷第三地」的全球化模式逐步建立；一九八九年，開放到中國投資，更是掀起一波波設廠熱潮。

張濟舵雖然負責美國分公司，也常跟著董事長到中國、東南亞尋找生機——在中國設立工廠後，越南的土地也準備簽約設廠。

那一次，他本是要和董事長同行前往越南，卻臨時改變行程去了中國。沒想到，公司一行人在越南遭遇重大車禍，董事長當場往生。消息傳開後，「市場派」很快運作取得多數股權，不久經營權易主，新的董事長也上任了。

公司改弦易轍，張濟舵決定離開，與人合夥創業。那是「臺灣錢淹腳目」的年代，臺幣從四十多元一路狂飆，升值到二十多元，匯差讓他有多餘的資金，買下安頓妻兒的家，也運用房產融資來創業。因緣得宜並努力經營，在美國、香港的公司及中國全新工廠的投入，都堪稱一帆風順。

轉眼，他們在美國定居三十年了，張蕙芬的婆婆也已百歲高齡。兩年前，婆婆開始無法坐臥，飲食起居全靠外傭和五姊照顧；但是受日本教育的她，仍維持著嚴謹的生活態度，每天總要把自己弄得整整齊齊、乾乾淨淨。

四月，張濟舵才返臺參加慈濟海外多國聯合董事會，他本來預計停留較長時間。母親自從臥床後，意識十分清楚，但身體已大不如前，他想多花些時間陪在母親身邊，也順便為自己安排做健康檢查。

離上一次做全身健檢，已經是八年前的事了。「因為匆匆忙忙，沒有很多時間留下來聽醫師仔細講，就趕回美國了。後來才發現報告上面寫著，心血管方面要注意追蹤。」

每隔半年，紐約的家庭醫師會為他們夫妻抽血做檢查，張濟舵的低密度膽固醇稍微偏高，但還不需要吃降血脂藥。雖然檢查報告提醒「要追蹤」，但他自認沒有高血壓、糖尿病、高血脂，也沒有家族遺傳，慢跑時並不覺得喘，就不怎麼在意了。

他的確是沒有意識到問題的嚴重性，並不是刻意要逃避問題。每次返臺，他都想順便再做個健康檢查，最終都沒去成。這次也是一樣，因為厄瓜多發生嚴重水患，打亂了他計畫中的行程。

一年前，慈濟才因厄瓜多遭受強震而前往賑災。曾在紐約為自閉症兒童提供語言治療的珍妮弗（Jennifer Ruiz），剛回到家鄉厄瓜多擔任教職不久。學佛多年的她，聽到有機會協助受災鄉親，不僅樂意擔任慈濟賑災團的翻譯，而且一投入就是五十多天。

這次水患過後，珍妮弗又接到美國慈濟人葛濟覺請求支援勘災的電話。「好，我去。」她顧不得自家前門已遭土石流波及，塌陷出一個大洞，立刻邀約曾在特種部隊任職、參加過慈濟「以工代賑」的波里斯（Boris Garcia），一起換上灰衣白褲，踩著泥濘，前往災區。

「你們什麼時候來，我快撐不下去了。」珍妮弗和波里斯LINE出的訊息動輒上百條，但畢竟經驗較不足，來來回回跑了好幾趟，蒐集到的災情還是很有限。

這次水患，南美洲祕魯、哥倫比亞、厄瓜多同時受災，很多生活在底層的居民需要救助，光靠美國慈濟人一再前往發放，力量終究有限。

思考慈濟「重點、直接」的賑災原則，證嚴法師慈示，厄瓜多本土志工有心付出，可以先以援助當地為主，邀約更多有愛心的人一起投入，日後若當地或臨近國家有災難，要動員、要做事就容易得多。

見法師憂心災民，張濟舵與葛濟覺決定提早結束在臺行程，返美承擔先遣任務，趕赴厄瓜多和珍妮弗等人會合，迎接出美國、加拿大、阿根廷、巴拉圭、巴西、瓜地馬拉、多明尼加共七國志工組成的賑災團到來。

機票改航班，不僅機位難訂還要加收服務費，張濟舵只想到這是自己的責任，便管不了那麼多了。

又是一次匆匆來去，張濟舵告別的話才說出口，便感覺到母親的失落，雖然每一次離開，他都會告訴她：「我很快就回來。」但這次母親望著他的眼神，似乎不同以往，他的心揪了一下，不禁擔心會不會是最後一面了。

他知道母親願意支持他做他想做的事，就像三十年前放手讓他去美國發展。歷經長途飛行的疲憊，他回到了紐約的家，停留不到五個小時，就又搭上前往厄瓜多的班機，在當地一停留就是十二天，直到緊急階段「以工代賑」項目圓滿結束。

返美後，他打算再前往海地發送大米，那是慈濟向農委會申請的「糧食人道援外」。年初，他才代表慈濟出席國際人道團體在紐約舉辦的海地地震七周年祈禱會，緬懷二〇一〇年地震中不幸喪生的民眾，祝福政治動盪的海地能加快重建腳步。然而，得知母親住院的消息，他還是放不下心中的牽掛，決定更改行程，先回臺灣。

母親八十幾歲時，因膽管手術術後感染，病況危急住進加護病房。自小接觸民間信仰的張濟舵，當時腦海浮現「為母親延壽」的想法，便跪在菩薩面前祈願——要折壽十年給母親。他知道生老病死是自然法則，而今母親已是百歲長壽，那一天終究會有到來的時候，他只盼她別受太多病苦折磨。

探望母親後，張濟舵和張蕙芬又來到靜思精舍，那是他慧命的母親——證嚴法師所在的地方。他告訴法師，母親已無法進食；法師寬慰他，要祝福媽媽。

漸漸地，母親雖有意識但已無法表達，只能用眼神溫柔地看著大家，沉睡的時間愈來愈長。「我知道媽媽的耳識還在……」張濟舵將隨身聽放在病床邊，播放法師的開示給母親聽。

六月一日凌晨，老人家的心跳變慢、血壓慢慢下降，平靜地告別了這一生。

海地的窮

沒有人是一座孤島，
可以自全。
每個人都是大陸的一片，
整體的一部分。
如果海水沖掉一塊，
歐洲就減小，
如同一個海岬失掉一角，
如同你的朋友或者你自己的領地失掉一塊：
任何人的死亡都是我的損失，
因為我是人類的一員，

因此，
不要問喪鐘為誰而鳴，
它就為你而鳴。

十六世紀英國詩人約翰．多恩（John Donn）的作品《沒有人是一座孤島》，提醒世人彼此之間是福禍與共，一方有難，沒有人可以置身事外。

二〇一七年一月下旬，國際人道主義團體在美國紐約舉辦海地地震七周年祈禱會，張濟舵代表慈濟前往參加。那場大地震奪走海地二十七萬人生命，上百萬人流離失所，然而一年過了一年，重建速度卻因政治等因素慢如牛步。

在那個跨宗教的祈禱會上，張濟舵用英語轉述證嚴法師的開示，「驚世的災難，要有警世的覺悟」，與大家共勉；並分享自己參與海地賑災的感受——災難雖然帶來許多不幸，卻也因此啟發了當地人們無窮無盡的善念。

這也是慈濟五十多年來的助人模式，不單單只給予經濟上的紓困，而是想方設法讓生活在社會最底層的人們，透過付出，找到自己的尊嚴與力量。在許多國家，慈濟以工代賑號召受災民眾展開重建家園行動，不僅使人們不再坐困愁城，甚至激發出他們的助人熱忱，就是最好的例子。

說起海地，在二〇一〇年一月十二日大地震發生之前，對張濟舵來說，應該算是比較陌生的國度。

它與多明尼加同處一個島嶼，一個是世界上最貧困的國家之一，一個卻是拉丁美洲著名的小康之國。它是世界上第一個由非裔黑人主導，奴隸起義建國，也是美洲唯一以黑人為主體民族的共和國，獨立後政局一直處於動盪中。

慈濟與海地、多明尼加最早結緣是在一九九八年，喬治、密契颶風造成中南美幾個國家慘重災情，在全球發起「情牽中南美，衣靠有情人」援助行動。多明尼加因有一群熱心臺商的投入，隔年就成立了慈濟聯絡點，進行中長期援助規畫；海地則礙於內亂等因素，捐贈了四貨櫃衣物，就難以再繼續。

張濟舵是一九九七年加入慈濟，當時還沒有機會參與那次援助行動。十年後，也就是二〇〇八年八、九月間，海地一連遭受四個颶風襲擊，加上全球糧食危機，災難、貧窮、飢餓……就像從潘朵拉的盒子飛出後，再也關不回去了；幸而，在海地政府、民間團體和各界人士協助下，慈濟於二〇〇九年初得以展開援助行動。

張濟舵是在海地大地震後，才初次來到這個國家。那一年，在慈濟人道援助紀錄上，還有兩個重大事件，一個是慈濟成為「聯合國經濟社會理事會非政府組織的特殊諮詢委員（NGO in Special Consultative Status with ECOSOC）」，可以參與經社理事會會議、提供諮詢，並在全球人道援助活動中獲得必要的安全保護；另一個則是相隔一個多月，智利也發生大地震，慈濟同樣前往進行援助。

聯合國總部位於美國紐約市曼哈頓區，為了進出方便，張濟舵等幾位經常前往的志工都辦了個人通行證，這對賑災工作也相當有助益。

海地地震後，位於首都太子港（Port-au-Prince）的國際機場受到損害，由美軍接管，一般商用飛機無法降落，初期救援物資與人員只好取道多明尼加，走陸路到太子港。慈濟四處探詢救災管道後，也決定將多明尼加聯絡點作為前進海地的指揮所。

張濟舵是慈濟第三梯派往海地的人員，被分配到的任務是——團員安全與對外聯絡。前兩梯次出發時，他正因慈濟向聯合國申請加入經社理事會非政府組織的特殊諮詢委員，而忙著接受聯合國委員會（NGO Committee）的口頭審查。

因為建築物受損嚴重，葛濟捨等第一梯先遣人員初到太子港時，找不到住宿的地方，曾夜宿海地志工史帝夫（Steve Lemite）家後院，他們一家人在地震前就熱心投入慈濟在海地的援助行動，災後一度失聯，所幸都平安。

後來，第二梯團員取得海外工程公司（Overseas Engineering & Construction Co.，簡稱 OECC）的協助，有了固定的落腳處。然而床位有限，團員們得自備睡袋和蚊帳。

聯合國人道事務協調處（UN OCHA）在地救災協調中心就設在國際機場旁，張濟舵等人持通行證前往登記加入後，每天準時參與上午九點的簡報會議。「專責人員會把援助情資印出來發送給與會者，哪些地方已有組織提供什麼資源，都會做詳細分類。」

參與這個會議，使慈濟獲得許多訊息、與大型國際救援組織有進一步的互動，從中了解可以要求的協助，例如安全協助，只要告知發放時間、地點、內容、人數，需要什麼支援，就可以上網提出申請；也得知搭乘聯合國免費專機至多明尼加的詳細流程、聯合國提供給救援組織的住宿協助等。這是以往慈濟做國際援助沒有的經驗。

「從多明尼加首都聖多明哥到海地太子港，有一條被稱為『人道走廊』的陸路。」張濟舵指出，災後多明尼加政府協助國際組織從陸路運送物資、人員進入海地，單趟車程就要八小時，「空路只有聯合國人道救援專機，每天兩個班次免費接送，來自各國的救援組織成員都在等待搭機，需事先登記。後續很多慈濟人包括醫療團隊等，都是申請搭聯合國專機到海地。」

災後第十八天才進入海地的張濟舵，深刻感受到當地基礎建設落後，災區清除速度非常緩慢，不管走到哪裡，怵目驚心的景象依然存在。「各國政府組織和非政府組織都很積極地投入，我們除了接續前梯人員的勘災行動，也開始提供援助。」

在約旦維和部隊的護衛下，慈濟於太子港近郊泰巴爾（Tabarre）社區貧童關懷中心（Institute of Human and Community Development；簡稱 IHCD）展開首場大型發放，包括香積飯、玉米粉、環保碗等物資，嘉惠三千多人。

海地沒有自己的軍隊，因為長期政治不穩定，聯合國派駐維和部隊維持秩序。慈濟除了向聯合國提出維安申請，也因為約旦志工陳秋華是哈山親王侍衛長的關係，和約旦維和部隊有緊密的合作。

「慈濟以海外工程公司作為定點，不時會有當地民間團體、學校、教會的人來敲門，尋求協助，我們掌握了很多線索和出入管道，並分頭去勘察了解，才發展出後續的中長期計畫，包括援建中小學和幼兒園。」

由於市政府大廈已震垮，張濟舵等人前往設在帳棚下的臨時辦公室，拜會泰巴爾市市長狄歐達（Jean Frantz Theodat）。「尋求市政府協助的團體一大堆，那種景象就像戰時的感覺，隨時有人昌進進出出，非常混亂。」

慈濟志工向市長介紹以工代賑、代糧的理念，請求提供泰巴爾市的詳細地圖以及受災資料，也討論合作援建永久屋的可行性。

「當天下午，我們就到市長提供的兩個迫切需要援助地點，其中一個是帕斯維拉（Paxvilla）火葬場，離海外工程公司不遠，有鐵門把關，圍牆倒塌了一部分，正在修復中。」

行前，志工們就相互提醒，有些海地人比較排外，不希望貧窮被當作宣傳，民眾往往因為一件小事就會蜂擁而上，所以最好不要隨便拍照，他們認為魂魄會被拉走……

見園區內一大片密密麻麻的布棚，為安全考量，張濟舵決定先下車了解，請其他人暫留車上。這時，馬上就有幾個人圍了過來，而且愈來愈多，司機兼保鑣皮耶洛（Romulus Pierre Joseph）和傑克（Romulus Jacques Francois）兄弟立刻擋住人群，告訴大家——慈濟是來幫助他們的。

皮耶洛從海地警界退休後，曾做過私人保鑣，後來在海外工程公司擔任安全人員。他們對當地比較熟悉，除了法語，也會講類似法語的當地語言克雷歐語（Créole），跟隨慈濟人走訪災區，也兼任翻譯。

民眾的情緒趨於平靜後，住在布棚區的教師奚尼亞（Cinea Junior）告訴張濟舵，當地收容了約三千位災民，只有紅十字會固定送水來，此外並無其他援助。「我請他們先自己組織起來、造冊、分送發放單，慈濟憑單發放。」

上車準備離開時，幾位災民圍著奚尼亞開始討論。在第一輛車剛啟程、第二輛車尚未開動的空檔，一位年約十四、五歲的男孩走到第二輛車前，以優雅的姿態向志工們鞠躬。

待在海地那兩個多星期，張濟舵每天早出晚歸，尋著聯絡的線索，一方面勘察，一方面規畫大隊人馬到達時，要如何進行發放和義診。當地也有醫護所，但人員只受過簡單醫護訓練，就像臺灣人說的「赤腳醫師」，許多小孩腸胃受感染，都是因環境衛生不良造成。

慈濟人醫會成員搭乘聯合國專機抵達後，在三個地方同步進行義診，中醫在約旦維和部隊的野戰醫院，西醫在聖瑪莉教堂，牙醫在海外工程公司與國合會聯手義診。

在以工代賑、發放、義診陸續展開之前，張濟舵邀集了所有海地本土志工來到海外工程公司，請他們簽下能夠協助翻譯的時段。

「聯合國的維和部隊相當忙碌，有時我們申請要前往某地，他們派不出人員，所以又進展到與美軍接觸。」有一次，張濟舵等人到美軍駐在地指揮部的臨時帳棚，因為大家同樣來自美國，很容易就聊開來，後來美軍指揮官也派人協助慈濟。

「建立好物資通路與人員等各項聯繫管道，後續團隊就能很快接手。」張濟舵在海地待了兩週，之後暫無因緣再前往，「大規模發放需要人力，美國的慈青、慈青學長們也都加入賑災，年輕人很快就和美軍建立友誼，之後美軍也受邀來慈濟的駐地點互動。」

緊急援助行動告一段落，中長期計畫如學校重建、辣木育苗和本土志工培訓規畫，則由慈濟美國總會派專責人員承擔。

慈濟自二〇〇三年起向農委會申請大米援助海外國家，二〇一三年開始將海地加入發放對象，並與在當地深耕超過四十年的如濟神父合作，從提供學童免費午餐到供食給殘疾老人。

張濟舵有因緣再度前往海地，是二〇一四年十一月太子港和北部海地角因豪

大雨受災，他特地帶了一封證嚴法師的感謝信，去拜訪如濟神父，

一直在第一線服務窮人的如濟神父，與慈濟攜手合作後，看到改善現況的更多可能性，例如發放白米時，只要竹筒撲滿傳出去，大家都會投零錢；曾經他們就用這些累積的小錢，捐助東非伊代風災受災民眾。

之後，只要時間允許，張濟舵都會去海地參與大米發放。二〇一七年一月下旬，張濟舵代表慈濟與國際人道主義團體，一起為海地祈禱，「海地的窮，或許很難在短時間獲得改變，但我相信人心的善，卻能因此被觸發。」

醫病情緣

同樣是在二〇一七年一月下旬、春節前，王志鴻收一封來自嘉義的信——「在醫院歷經七十天的奮鬥，終於在您的熱忱與高超技術下，讓我爸起死回生，我爸能回來真好，這世界有您真好！」這是病人的兒子寫來的感謝信。

病人是一名退休校長，六十歲，喜歡爬山，以攀登臺灣百岳為目標。二〇一六年十一月，他去挑戰素有「黑色奇萊」之稱的奇萊山，走東稜路線，行經太魯閣大山往立霧主山方向時，想坐在石頭上稍事歇息，卻從陡坡跌落下三十米深處。

病人已不記得是怎麼一回事，王志鴻根據病情研判，認為是昏迷後失足。同行友人趕緊打一一九求救，因為事發地點位於縱走路線的中途，救援人員步行最快要三天才能抵達，花蓮縣消防局便申請直升機吊掛。

那天雲層低，天空又飄著雨，空勤總隊黑鷹直升機冒險執行了兩次吊掛，才救援成功。病人大約是早上七點受傷，下午四點多送到區域醫院急診，經診斷有輕微腦出血、肋骨骨折，就先做一般外傷處理，並收治住院。

半夜，病人出現呼吸急促、血壓下降、嚴重休克現象，檢查發現有肺水腫。「急性肺水腫通常是急性心肌梗塞或慢性心臟衰竭所引起，醫師立刻幫他做心電圖檢查，確定是急性心肌梗塞，需要進行緊急心導管手術，就轉送慈濟醫院。」

「醫病之間，有時也是一種緣分。」那天剛好是王志鴻值班，病人是急性心肌梗塞大面積心肌壞死後引起的休克，損傷部位在左主幹冠狀動脈，也就是左前降支及左迴旋支分叉之前這段，占心臟百分之六、七十血流量，死亡率極高。「他的運氣算不錯，緊急置入支架加上藥物治療後，病情暫時穩定下來。」

心肌梗塞是心血管栓塞導致血流受阻，要使用抗凝血藥，但病人還有顱內出血、外傷性的蜘蛛膜下腔出血，抗凝血藥又會讓顱內出血惡化。「我們不斷從臨床反應去調整藥物，使用最適當又能達到效果的劑量。」

不久，病人又出現細菌感染，「重症又有外傷的患者，很容易因感染造成敗血症，幸好有控制住。」在腦神經外科、心臟內科、骨科、呼吸治療科、營養科等醫護團隊共同診治下，病人昏迷了十五天，終於清醒了，不僅手可以輕輕抬起，雙腿動作幅度也比較大了。

然而，病人的肝指數雖有好轉，但呼吸還是很急促，「因為他有腦外傷，神志不太好，很難教導如何訓練呼吸，讓呼吸器能早日戒斷。」

遇到這種重症病人，除了呼吸治療師、復健技術師的介入，王志鴻也會盡量抽時間到病房探視，「鼓勵他、教他怎麼坐起來；要拔掉鼻胃管餵食時，親自去餵他喝白開水，觀察會不會嗆到？是否可以開始餵食？評估病人坐起來的能力、吞嚥能力。」

復原過程，病人體力差，有時會偷懶、沒有信心或害怕。他會親自參與，指導病人復健，先讓病人走個三、五步，然後聽一下心音，了解心跳是否有增加，病人是否能忍受得了。「如果復健初期，一動就流汗，一動血壓就掉，那就不正常。」

「很多時候，心臟是因為沒有訓練而變差，不是因為疾病而失去功能。」他從血壓、心跳的變化，判斷病人是心理因素或身體不能忍受復健強度，再決定要不要鼓勵病人繼續做下去；需要時，也會給予呼吸治療師、復健技術師，一些專業上的建議。

「重症病人除了自己負擔的醫療費用多，健保負擔也是相當重，醫療團隊拚命搶救病人，當然不能失誤在最後一哩路上。」見過太多病人的狀況，他覺得任何可能增加心臟負擔的風險，都要盡力排除。

「有些病人初期復健一跌倒就骨折，麻醉開刀後，整個身體又垮了下來，他們禁不起再折騰，隨便哪裡有新的問題出來，原來的問題就可能會惡化。」他慶幸這位退休校長的身體底子不錯，雖然因心臟衰竭、敗血症引起多重器官衰竭，但在醫療團隊接力、用心照護下，住院六十九天終於可以回家。

出院後，他將病人轉診到大林慈院，由林庭光醫師繼續追蹤，「但他每年還是會來花蓮回診一次，讓我了解治療情況好不好，今年他說是自己開車來的，應該是順便環島旅遊吧！」

「先生緣，主人福」這句常聽到的閩南語，讓王志鴻又想起一個來自臺北的病人，見到他第一句話就說：「我是來碰運氣的！」

那是在二〇〇六年二月，錢先生經由朋友介紹來花蓮求診。五十六歲的他患有不穩定型心絞痛，在北部看了五家大醫院，醫師都建議做冠狀動脈繞道手術，他不解「為什麼別人可以放支架，我不可以？」所以，一直都只有用藥物控制。

同樣也熱愛爬山的錢先生，開始又有「心痛」的感覺時，在朋友不斷鼓勵下，去申請了病歷、複製醫療影像，一併帶來花蓮慈院。

「你的三條動脈血管都阻塞了，而且硬化得很嚴重，加上血管長度太長，所以無法做支架。」在診間裡，王志鴻鉅細靡遺地為他解說病情，幫他做新、舊片子的對照分析，最後還建議他到臺北哪一家醫院找哪位醫師動手術。

「王副講得很詳細，讓人覺得很放心。」錢先生終於解開心中的疑惑。「我曾一度住進醫院準備動手術，半夜卻嚇得落跑，因為隔壁床病人術後的狀況，讓我很害怕。但是王副說，我的心臟還很強，所以我決定要趕緊動手術。」

見王志鴻請護理人員代為聯絡轉院開刀事宜，錢先生忍不住問：「你們這裡沒在幫人開刀嗎？」得知醫師是考慮到家屬就近方便照顧，錢先生反而堅定地說：「我要在慈院開刀。」

確認錢先生的意願後，王志鴻便將他轉介給合作多年的心臟外科醫師趙盛豐；順利做了冠狀動脈繞道手術，在加護病房住了三天半，就轉到普通病房。

「你看起來根本就不像動了大刀的樣子。」朋友來探望他，他解釋說：「那是你們沒看到我痛、吐的時候。」

因為醫師說他的身體很健康，少打止痛針可以加速復原，所以他白天盡量忍耐，只有晚上痛到睡不著才打。果真，十天後他已能在病房隨意走動。

「身為醫師有兩個責任：第一個是病人找你治療，是希望可以活得長命些，除非有特殊的理由，所有會影響病人壽命的治療術式，基本上都是不可行；第二個是要有能力解決病人的不舒服，絕大部分病人都是因為不舒服才來找你，根本不清楚活得長、活不久或怎樣治療是有差異的。」

王志鴻解釋，第一個是醫師對病人的責任，但病人不一定會了解；第二個是大部分病人看醫師的目的，而醫師必須盡可能滿足病人的要求。

「醫學生畢業後約有百分之八十以上選擇當臨床醫師，臨床醫師大部分時間多在做第一線醫療，對人若是沒有熱忱，選擇當醫師就錯了。」王志鴻認為，在行醫過程中，有好的老師引導很重要，他在擔任第一年住院醫師時，帶領他的總住院醫師、而今是美國疾病控制與預防中心（Centers for Disease Control and Prevention，簡稱 CDC）諮詢病理學家暨資深醫官、對臺灣因應全球疫情具重大貢獻的謝文儒，就是他的好老師。

有天晚上，他在處理一位病人提出的問題，覺得病人是沒事故意一直找麻煩，值班護理長受不了他的情緒反應，便直接向謝文儒報告。謝文儒將年輕氣盛的他找去討論病人狀況，並直接對病人做了正確處置，才告訴他：「病人是身體不舒服才會反應。」

謝文儒沒有指責，只是用分享的方式告訴他，以前老師就是這麼教他的。「當病人一直煩你的時候就要特別小心，第一種情況是病人真的是精神病患，那就不需過度理會；若不是的話，就是病人真的身體不舒服，而你找不到原因，病人情緒不佳，反應就會很大，這時候最容易有醫療爭議事件產生。」

謝文儒的輕輕提點，他一直放在心上。而今，早已褪下一身傲氣的他，像個慈祥的「老先覺」，帶著醫學生巡房、教學；在個案討論會中，當實習醫師面對一群主治醫師連番提問而不知所措時，也會適時站出來為他們解圍。

二十年前，在花蓮慈院內科擔任第一年住院醫師的易志勳，就曾在志工早會分享過一件令他印象深刻的事，「我之前在臺北一家醫學中心服務，晚上病人有狀況，去找主治醫師會被罵；來慈院這一年，晚上病人有問題，沒有找主治醫師也會被罵。」

原來有一次，病人從急診轉到心臟內科加護病房，「那天晚上，病人情況不是很好，我去找王副來看看，沒想到他看了病人後，就直接睡在加護病房旁的一張空床，陪著病人過了一夜。」

「我請王副到值班室睡，可是他堅持要睡在病人旁邊！」典範在前，易志勳不僅學到了視病如親的態度，之後升上肝膽腸胃科主治醫師，被派到玉里慈院支援，凡事皆以病人為優先考慮，每週一天往返玉里，一晃眼已是十七年，他也成為病人心中「和藹可親，醫術高明」的醫師。

時間是一條長河，水波相逐，只為奔向汪洋大海。

一日健檢

獲知奶奶去世的消息，張濟舵的兒子Sunny立刻從紐約飛回臺灣。二〇一七年二月，他決定從軍中退伍，就返臺探望過奶奶。他說的閩南語，總是逗得奶奶發笑；他說的國語不太輪轉，奶奶也能猜出大意。

那時，奶奶的精神還不錯，唯一的孫子歸來，老人家自是歡喜。奶奶和姑姑們都非常疼愛Sunny，自然也關心他的身體狀況。Sunny大學畢業後，加入美國海軍陸戰隊，被派去做飛行員訓練，在飛行學校待到第四年，卻因最後一關——體檢沒通過而未能結訓。

Sunny小時候參加足球隊，曾因運動太激烈而休克，張濟舵夫婦帶他到兒童醫院檢查，也查不出病因。由於生活起居不受影響，他也健健康康地成長，就沒發現是心臟有問題，直到軍中需要體檢，才查出是心房顫動。

正常情況下，心臟放電有一定的規律路徑。Sunny是因心房處迴路異常，導致不正常放電，只要將異常放電的組織燒灼，就可以阻止心房顫動的情況發生。

醫師表示，Sunny罹患的是很常見的一種心律不整，有四分之三的患者沒有症狀，但會隨著年齡增長，引發缺血性腦中風的可能。所幸，手術燒灼後就沒問題，也無需再定期追蹤。

Sunny的兩個姊姊都懷孕了，大姊Ginger懷孕四、五個月，二姊Lois則是七月底就要生產了，她們暫時都不方便搭飛機，只能用文字寫下對奶奶的悼念。

六月二日，北臺灣受梅雨及西南氣流影響，開始出現強降雨，隨著鋒面南移，中南部山區也有災情傳出。

張濟舵和姊姊們商量，母親的喪禮一切從簡，沒有過多的繁文縟節，多出來的時間，他把握機會參與慈濟救災，到石門、三芝協助受災民眾清掃汙泥。

圓滿後事，第二梯次全球志工幹部精進研習活動，也分別在板橋和三重靜思堂同步舉行。來自二十八個國家地區，包括離臺灣最遠的巴拉圭志工，共有三百多人齊聚臺灣，分享如何將佛法用於日常生活、如何將佛法展現於行動關懷。

厄瓜多志工珍妮弗和波里斯是第一次來臺，張濟舵和葛濟覺自然是要抽空陪伴。這是深入了解慈濟、分享彼此所做，進而相互取法的機會。現場安排不同語言的翻譯人員，不懂中文的志工，只要戴上耳機，選擇頻道，就能聽到自己熟悉的語言。

活動結束前一天，證嚴法師出門行腳來到板橋靜思堂，聆聽各國志工的會務報告，提到六月初梅雨鋒面在臺灣各地釀災，志工不忍鄉親面對滿室泥濘，動員協助清掃；肯定菲律賓慈濟人的付出，讓當地人不再覺得華人只會爭利，而是會為他們「爭取福利」；也欣見波士尼亞本土志工持續投入塞爾維亞難民關懷行動……

那天，張濟舵要到三重靜思堂分享，便先行離開。事後透過其他志工轉述，才知道法師提到二月驟逝的隨師攝影師陳友朋（人稱小陳師兄），很是不捨，「他的生命雖然短暫，但二十多年來，他認真拍攝的影像，與海內外許許多多人結下好緣。」

小陳師兄住在靜思精舍，生活作息一向正常，少有病痛，卻因心肌梗塞，送醫不治而往生，法師藉此提醒大家要去做健康檢查。

十二位經常隨師的男眾護法，都各自找時間去做了全身健檢，並加做三心核醫檢查。「沒想到我們十二個裡面，竟然十個有問題。」沈萬清細數每個人的狀況，「有人心血管鈣化，但還沒嚴重要到放支架；有人先嘗試運動減重，後來沒有改善，還是放了一支支架；有人先是裝了三支支架，後來再加裝一支……」

「人家都說我是健康的胖子。」沈萬清似笑非笑地說：「只有我和林宜龍師兄沒問題。有的只需要吃藥，最嚴重的那位，是腦血管一邊阻塞，之前完全沒有症狀，林欣榮院長立刻安排他開刀。」

定期會去捐血的沈萬清老實說：「其實沒做健檢之前，我就知道自己血壓有點高。王副若來隨師，我會開車去高鐵站接他，他叫我到臺北慈院看門診，大約隔了兩年，我才開始吃藥，其實我沒有不舒服，但王副說隨著年紀漸大，還是要控制一下比較好。」

法師的叮嚀，讓張濟舵也想起延宕已久的健檢，他決定等研習活動結束，陪珍妮弗和波里斯到靜思精舍參訪，也和葛濟覺去花蓮慈院做一日全套健檢。

在他們前往花蓮的同時，太太張蕙芬也出發到彰化靜思堂。為了上靜思茶道、花道海外專班，她已連續三年回臺上課，從初階、進階到高階；這次課程結束，她就可以取得茶道教師資格。

「越人遺我剡溪茗，采得金芽爨金鼎。素瓷雪色飄沫香，何似諸仙瓊蕊漿。

一飲滌昏寐，情思爽朗滿天地；再飲清我神，忽如飛雨灑輕塵；三飲便得道，何須苦心破煩惱。此物清高世莫知……」唐代詩僧皎然以詩讚歎茶的作用。

張蕙芬則將六度萬行融入茶道中，她觀想片片茶葉注入熱水，像是以忍的功夫緩緩釋出茶香，才能得一口好茶；「在慈濟路上，一旦心生無明，障礙就會頻生，行茶禮法，就如有次地的在菩薩道上修行，體會遇事要學習忍耐，守持戒律，不斷精進。」

張濟舵和葛濟覺送珍妮弗和波里斯離臺後，張蕙芬也返回臺北的家，兩夫妻整理好行李，準備回紐約。

「返美前一天清晨，我們開車到新店靜思堂，把握機會繼續隨師。」多日不見，張濟舵手握著方向盤，輕鬆地對張蕙芬說：「健檢結果是心臟血管有阻塞，不過應該沒有關係啦！」

其實，張濟舵和葛濟覺一起到診間聆聽檢查報告時，王志鴻指著電腦螢幕上，兩人的二五六切電腦斷層冠狀動脈攝影掃描影像說：「他的電腦斷層冠狀動脈攝影圖很正常，沒鈣化或狹窄。你的冠狀動脈鈣化指數高達兩千多分，明顯看到多條冠狀動脈主要分支接近百分之一百阻塞，部分冠狀動脈內徑狹窄，造成顯影時如髮絲般細小。」

王志鴻又查了八年前張濟舵在臺北慈院做的檢查報告，「當時做六十四切電腦斷層冠狀動脈攝影掃描，就發現你的冠狀動脈鈣化指數已達一千多分了。鈣化指數超過四百分即是冠心症高危險群，你的三條冠狀動脈全部狹窄，差別只在有的阻塞百分之八、九十，有的阻塞百分之五、六十，這很嚴重，要盡快安排做心導管檢查。」

「王副說的很嚴重，但我並沒有打算去做心導管，自己身體明明好好的，且返美機票都訂好了。」因此，他輕描淡寫地向太太報告健檢結果。

隨師時，張蕙芬還是忍不住向同行的志工呂慈悅提起這件事。等他們要告假回美國時，呂慈悅就故意向法師告狀說：「濟舵不聽話啦！」

待法師了解事情原委後，便叮嚀張濟舵要趕快去做治療。「做慈濟，身體很重要。」

「我覺得身體並無異樣，也不想白找麻煩，因為裝了支架，就得吃一輩子的抗凝血劑。」他彷彿事不關己般寬慰法師說：「我還有百分之三十的血管可以用，夠用就好了。」

「住在舊金山的小女兒預計七月底生產，這是我們第一次升格當外公、外婆。」張蕙芬也附和說，她早已計畫好要陪在女兒身邊。

法師再次嚴肅地對張濟舵說：「要去治療。」一旁志工則是你一言我一語，熱心勸說：「很多人都做過心導管檢查，不用十分鐘就好了……」「通一通，很快的，別擔心啦！」

張濟舵想了想，決定聽從法師的話，留在臺灣接受治療，「王副固定週二、週四上午做心導管，最快只能安排到下週二，七月四日。」

取消返美行程，他們又繼續隨師到桃園、新竹、臺中，直到七月二日才返回臺北。「一進家門，大姊和兒子已準備好蛋糕，唱著生日快樂歌，歡迎我們的歸來。我和阿芬都忘了那天是我生日。」

三日上午，大愛感恩科技公司總經理李鼎銘邀請張濟舵去分享厄瓜多賑災。「為了讓孩童們趕緊回學校上課，慈濟邀請受災地區民眾以工代賑，從清理學校及市區周邊的道路開始，合力清除厚達近一米深的汙泥，迅速恢復校園環境與市容。」

張濟舵說明，以工代賑是一個方法，將原本要濟助他們的金錢，化作一股相互幫助的力量。「我看到受災民眾不再坐以待斃，而是從復建家園中找到希望；而『竹筒歲月』小錢聚善念的故事，也讓他們相信自己有助人的力量。」

「在我的人生規畫裡，從來沒有想過會踏入厄瓜多，尤其我不懂西班牙語，但上人平時對我們的教導，放諸四海皆準，每個人心中的善與愛，不會因為語言不同而有障礙，只要一個眼神、一個動作，大概都可以心領神會。」

把握機會傳遞善的信念後，張濟舵和張蕙芬即搭乘普悠瑪號火車，前往花蓮慈院辦理住院手續。

角色不同

「在花蓮慈院診間看報告，是我第二次見到王副，第一次是去尼泊爾賑災。」張濟舵表示，他和王志鴻是不同梯次前往尼泊爾，在交接會議上曾見過面，並沒有特別私下談話。

那是二〇一五年四月二十五日，尼泊爾發生強烈地震，加德滿都谷地近百分之九十的建築物都倒塌了、百年古蹟成了一片廢墟、罹難與受傷人數超過兩萬七千人、大批民眾露宿街頭，災難消息一傳出，各國人道救援組織無不想火速前往。

回臺灣參加慈濟海外會務報告的張濟舵，正準備返美，一聽到證嚴法師希望他可以前往尼泊爾協助賑災事宜，立刻就報名了第二梯賑災醫療團。

第一梯賑災醫療團入境過程頗費周波，這支來自臺灣、菲律賓、馬來西亞、印度、美國共十五人組成的隊伍，二十七日下午一點多出發，因轉乘班機取消，被迫滯留泰國曼谷一夜，次日又在喜馬拉雅山上空盤旋兩個鐘頭，直到下午四點多，才成功降落。

通關也是一項考驗，光是提領九十三箱醫材，就耗費五個小時。而早已訂好的旅館，因他國救難隊無班機折返，不得不續住，只得另覓住處……安頓好之後，團員先後拜會衛生主管機關和災難總指揮官，取得醫療准證，便開始安排義診事宜。

張濟舵參與的第二梯賑災醫療團，比第一梯只晚三天出發。得知許多骨折傷患需要手術，卻因為醫院缺少骨材，只能先做固定和止痛處理，他們這梯不僅成員以骨科和麻醉科醫師為主，也攜帶了二十三箱由各慈院匯整的骨釘及鋼板等醫材，準備接力為傷患進行手術。

「我們從香港轉機，中途停留孟加拉，清晨三點多抵達加德滿都。」從第一梯出發開始，證嚴法師每天都會和賑災團隊進行視訊會議，掌握災區訊息、給予回應，並指示方向。

張濟舵沒有多做休息，即向法師報告：「所有人員都平安抵達，只是通過海關時，稍微有些波折……」臺灣和尼泊爾沒有邦交，許多慈善團體不得其門而入，他分享了入關溝通的重點，希望有助日後大團順利通關。

「好在有你這個領航舵手，不然這關卡就難過了，有你陪伴這一團，幫助很大，你不只是這一團的貴人，還讓這些器材都平安全部到達，可以救很多人，功德無量。等一下出門，如果坐車可以休息，你就多休息，晚上要早一點睡覺，補眠一下，記得不要操之過急……」法師的叮嚀總能鼓舞大家振奮起精神。

緊急醫療解除了民眾的身體不適，也安撫了災後驚魂未定的心。在施醫施藥的同時，張濟舵和幾位國際賑災經驗較豐富的志工，也積極在鄰近加德滿都的巴塔普（Bhaktapur）古城進行訪視，以評估後續援助的方向。

「我們到帳棚區了解受災民眾的需求，看到中國扶貧基金會已開始提供熱食服務，也看到世界展望會提供孩童唱歌、陪伴的項目。」在巴塔普市市長帶領下，他們走進最嚴重的災區，踏上約三層樓高的殘屋片瓦，那原是整條街道相連的屋頂，可見地震的威力，以及災後重建的困難。

佛陀所說的無常、愛別離，在災區隨處可見。儘管已經走過許多災難國度，張濟舵還是深深被震撼了。「能付出，真的是很幸福。」他想起證嚴法師的慈示：「人間菩薩要能堪重任，承擔起救助苦難、膚慰災民之責，要能聞聲救苦，拔苦予樂。」

「連日走訪後，我們決定鎖定加德滿都以及車程約半小時的巴塔普市作為重點援助區域。」張濟舵表示，和巴塔普市市長的溝通很順利，市府團隊會從該市十七個聚落篩選發放名單，慈濟也會秉持公開、透明、平等的原則給予物資。

另外，觀察到其他團體女性參與的比例漸多，視訊會議時，張濟舵向法師提出，「先遣勘災以男性志工為主，接下來的訪視關懷很需要女性志工的投入。」法師慈允，並肯定大家的付出，「前線關關困難、關關克服；後勤籌備物資、研究運輸路線。這些都必須思慮清晰，才能為大家鋪路。」

尼泊爾的雨季即將到來，由印尼軍機協助慈濟運送到尼泊爾的軍用帳棚，已搭建在巴塔普的曼索里（Maheswori）廣場。

張濟舵記得，一天午後下起大雨，不一會兒就滿地泥濘，一位婦人努力地用手將水往帳棚外潑，就像薛西弗斯在推巨石一般，永無盡頭又徒勞無功；看見躺在地上的病患被雨水淋溼，受過緊急災難救護訓練的護理師涂炳旭，趕緊找了一張福慧床送去，小跑步時還不慎摔了一跤。

「我們想到用磚和沙砌高三十公分，再把帳棚架上去。」張濟舵等人思考著如何取得磚塊，法師慈示倒塌的廢墟中有很多磚塊，可以妥善運用。「整個帳棚區大概需要十二萬塊磚頭，才有辦法鋪平，我們沒有這個人力，沒想到居民得知這個想法後，第二天就利用各種工具去撿拾磚頭。」

「我們的協助畢竟是短暫的，唯有靠他們自己的力量，才能趕快站起來。」張濟舵對當地人民的樸真留下美好印象，不禁稱讚：「尼泊爾，是我接觸過最友善的國家之一。」

王志鴻是第四梯賑災醫療團的領隊，五月十三日深夜近十二點抵達尼泊爾。「我們這梯最主要的任務，是評估後續醫療上能扮演的角色。」除了接手義診和發放工作，他們也預計前往接受手術治療的傷者家中關懷。

次日一早的視訊會議，他向法師報平安：「一路都相當順利，佛祖有保佑，不管轉機或提領行李，都比前幾梯幸福多了。」

昨天入夜，張濟舵等人前往帳棚區附近的泰國寺院牟尼精舍關懷。這是一間具有五百年歷史的古寺，牆壁因強震而出現了大裂縫，住持維帕西仍收容了七十多名受災戶，每天要供應僧侶和鄉親兩百多人用餐，物資早已捉襟見肘。發現他們的困境，志工趕緊送去兩千　百公斤白米、三百公升食用油和兩百公斤豆子。

「今天，我們也會去牟尼精舍進行義診與訪視。」張濟舵向法師報告。

「昨天一整天的遠途航行，今天又開始要投入，應該是很累。」法師感恩眾人的付出，也提醒大家要多了解當地的風俗習慣，要多傾聽駐守當地團員的經驗分享，「愛的平衡線要持續接力，該注意的還是要注意，慈悲也要有智慧。」

接著，大家兵分四路出發，王志鴻這隊是到離曼索里帳棚區不到二十分鐘車程的奇翠普（Chitrapul）。那是一個美麗的山城，沿途可見金黃色麥田順著地勢盤旋，提供作為義診的場地是一處平臺。

「大家七手八腳開始搭起帳棚，卻怎麼也無法將帳棚的骨架展開……」王志鴻笑著表示，他們全都沒有搭帳棚的經驗，幸好當地人主動過來幫忙，將四頂帳棚順利架設起來。

由於沒有藥師隨行，王志鴻及臺中慈院醫師蔣岳夆主動補位，協助配藥及發藥。看著人數愈來愈多，志工鄭志明、邱鼎俊主動當起「拿藥助理」，幫忙找藥，再按照醫囑將正確的藥量裝入袋子。

「王副說我們做得還不錯。」鄭志明說，對藥品愈來愈熟悉，動作也加快了起來，更因此學習到很多藥名。

當地護理師沙希塔（Puja Shahi Thakusi）負責為王志鴻翻譯病人所述症狀，兩人合作頗有默契。每次王志鴻去拿藥前，都會用酒精消毒自己的雙手，也不忘幫沙希塔噴酒精。此舉，讓沙希塔非常感動，「他是我這輩子配合最好的醫師，病人這麼多，他的臉色一樣很和善，聲音一樣很輕柔，他一定是個好心腸的人。」

小朋友傷口疼，王志鴻迅速為他包紮；轉身，又開始細心核對藥袋與藥品；義診結束，則領著孩子們一起彎腰撿垃圾。「不管是醫師、藥師或護理師，很多事我都能做，我們老一輩的醫師，都可以扮演這些角色。」

張濟舵因為停留時間較長，王志鴻與他同處了幾天，但各自負責不同事項，「我主要是帶隊關懷、發放和義診，他則是做災後評估規畫。我們沒什麼互動，我記得最清楚的是，最後他要離開時，我們為了歡送他，還特地請人去買了一頂尼泊爾帽相贈。」

第一次見面，同是賑災團的一員，一起為救災而努力；再次見面，王志鴻還是醫師的角色，而張濟舵卻成了病人。

風險評估

二〇一七年六月二十二日，王志鴻的病人李欣潔在臉書寫下紀錄，提醒大家「二五六切健檢」的重要——

「闆娘前兩日做了心導管檢查（幸運心臟動脈無礙，無需放支架），起因闆娘長期胸悶、偶爾呼吸困難，甚至暈過去送急診。

心電圖做過N回都沒問題，最終在二五六切超高速冠狀動脈電腦斷層發現有異狀，但不確定是心臟肌肉痙攣或是動脈阻塞，所以建議做可百分百確診的心導管。

雖說闆娘已爬了不少相關文章，負責的醫師王志鴻又是東部第一位引進心導管技術，人稱手穩快速、幾近神乎其技。但，闆娘一進入全套的手術間，看著一群著手術服的醫療人員和一堆監控儀器還是腿軟了。

但，就如王醫師跟闆娘保證的，檢查不會超過十分鐘～～～真的。闆娘可以感覺到導管從手腕動脈進入，然後迅速往手臂上移動直到心臟（不過，到了心臟時，真的難受到不行，監控心跳呼吸的機器也瞬間大叫），瞬間，導管秒數間就退出，完成檢查了。呼～～～感謝王志鴻醫師。

建議大家健檢時，若是粥狀硬化血管疾病高風險族群，可增加多切電腦斷層冠狀動脈造影，及早發現冠狀動脈病變，若有異狀及早治療，以免造成您和家人的遺憾～祝福大家！」

「我進去十分鐘就出來了，你們不用那麼擔心我。」確定要做心導管後，張濟舵並不像李欣潔這麼害怕，還安慰關心他的慈濟人說：「有為法、無為法都在我心中了。」

他是一九九七年加入慈濟，二十年來佛法深植他的心中，「上人每一天都在為我們叮嚀，我們要認真地去吸收，能夠信、能夠解，而且能夠去行。」

七月三日，他住進花蓮慈院，晚上十二點過後就開始禁食。張蕙芬則託友人訂了三天兩夜的民宿，她先到民宿住下，「我們來過花蓮無數次，不是去靜思精舍，就是到慈濟靜思堂，很少到外面走走，便想著等他做完心導管，也來住民宿，放鬆一下。」

「聽別人做心導管的經驗，都是檢查後順便放支架，只要住院一天即可。」張濟舵七月四日上午一早進心導管室，張蕙芬還在民宿休息，她想著等一下就去醫院接先生，下午可以去砂卡礑步道走走。

等她到了醫院，才知道只有做檢查，並沒有放支架。

「我的病人百分之九十都是檢查加治療一次完成，少數比較複雜的病例才會分兩階段進行。」王志鴻向他們解釋，心導管檢查只是確認冠狀動脈阻塞嚴重度和決定治療方針，「濟舵師兄的冠狀動脈阻塞非常嚴重和瀰漫，需和外科團隊討論，再決定由內科植入支架或選擇外科繞道手術。若決定內科放置支架，預計兩天後才進行。」

「大家都告訴我，血管通一通就好了。」在親友的眼中，張蕙芬向來是少根筋，當她第一次見到王志鴻，聽了他的解說後，才突然問了一句：「請問這很嚴重嗎？」

「心臟本來就是很重要的器官，禁不起併發症產生，濟舵師兄的血管病灶非常嚴重且極重度鈣化，這樣的病例不管選擇繞道手術或內科支架置入，都是屬於風險高且效果不好的。」

「萬一呢？」

「最壞就是換心臟，醫療團隊會計畫且準備好。」

聞言，張蕙芬才開始感到「驚驚」。

「我在解釋病情時，就發現他們沒有感覺到嚴重性，而他太太好像也不是很了解狀況。我做過幾萬例心導管，大略能清楚病患及家屬對疾病的感受度和認知度。若病情不是很嚴重，病人聽得懂、聽不懂都沒關係，反正風險不高；但對於特別高風險的病人，我們還是希望家屬能有所了解。」

隔天，Sunny立刻從臺北趕過來，他並不知道媽媽是陪爸爸來花蓮做心導管。王志鴻又向他們解釋了一遍，但他也知道在那個當下，家屬都是基於對醫師的一個信任。

「大家都說這是一個很普通的手術，做心導管檢查也大約二十分鐘就完成。雖然王副有告知風險，我的血管是屬於瀰漫性阻塞，也就是到處都塞住了，對醫療團隊來說很棘手，有挑戰，也有風險，但王副說他有信心，也會通知心臟內外科團隊備好葉克膜，在導管室做好準備。」張濟舵表示，他的心中存在一個「信」，相信醫療團隊一定會盡他們的心力，「我的內心也是非常平靜，如果事情真的會發生，我就去接受它。」

醫師巡房後，接下來只是等待明天進心導管室。張濟舵暫時不用打點滴，枯待在醫院也很無聊，他們便向醫院請假，去了太魯閣國家公園。

「隱微性的心肌缺氧、沒有症狀的心肌缺氧，臨床上高達百分之四十的病人，自覺沒有症狀，有些病人經過治療之後，才發現原來日常生活的不舒服，竟然是心肌缺氧造成的。」

王志鴻進一步說明，心肌缺氧會有各種不同的表達方式，只要前胸、後背、肚臍以上、喉結以下，任何痠、痲、脹、癢、痛的表現都有可能。「甚至有病人跟我說，他的胸前感覺辣辣的，一做核子醫學心肌灌流檢查，果真就是很嚴重的心臟缺氧。」

「自覺沒有症狀的心肌缺氧病人，其實有一部分是有症狀，但往往症狀是發生在心臟比較需要多氧氣的時候，也就是有活動的時候，例如提一個行李上二樓，以前從一樓到三樓可以很輕鬆地走上去，現在走到二樓就覺得很累。」王志鴻表示，早期的心肌缺氧症狀就是出現在這個時候，通常休息就好了，因而病人往往會用很多理由來解釋自己的不適，譬如最近比較累、沒運動等，而忽略當每次活動時，會出現三十秒到幾分鐘的胸部不舒服感，且一休息很快消失，這是早期心肌缺氧的警示。

「我曾去過中南美洲賑災，那是高山國家，有人會缺氧不適，但我適應的蠻好的。」張濟舵的運動耐受度一直不錯，但他也有發現最近跑步時的確容易喘，活動力似乎沒有以前那麼好。

「臨床上最棘手的，就是這百分之四十自覺沒症狀的病人，因為他自覺的症狀和病情嚴重度是乖戾分離的，醫師很難去說服他病得很嚴重。」王志鴻指出，即使只是喘，也是心肌缺氧的現象，且從張濟舵的二五六切電腦斷層來看，每個心臟科專家都會認為他的冠狀動脈鈣化得很嚴重，「鈣化就像硬石頭，會讓所有阻塞打不開。」

「外科醫師以繞道手術治療冠狀動脈有近六十年歷史，內科醫師用支架治療冠狀動脈則超過三十年歷史。哪些病人用外科手術？哪些用支架治療，對病人比較好，都有實證醫學資料可依循。」王志鴻表示，張濟舵是屬於不管採用內外科方式開通血管、結果都不好治療的病人。

「為什麼呢？」王志鴻解釋，大部分人的冠狀動脈鈣化，是在血管近端三分之一到中端的位置，血管遠端三分之一是不容易鈣化；而張濟舵的鈣化是從近端到遠端，甚至遠端的三分之一、四分之一都鈣化，而且是重度鈣化。「冠狀動脈繞道手術算是很普通的手術，但他也不適合做，因為瀰慢性嚴重鈣化血管，沒有可以適當做血管吻合的位置。」

「冠狀動脈心臟病發生年紀，男性低於五十五歲或女性低於六十五歲，叫年輕型的冠狀動脈心臟病，它和風險有關，即三高病人加上抽菸，或有家族遺傳。張先生這些通通沒有，他從年輕就茹素，是生活嚴謹的佛教徒。」王志鴻第一次接觸到沒有風險又這麼嚴重的冠狀動脈鈣化加阻塞的病患，心中也相當納悶，但無論如何，二五六切電腦斷層造影就已經是真實結果，所以才建議張濟舵做心導管檢查，也就是冠狀動脈血管攝影術。

「他的三條冠狀動脈，用閩南語形容就是『糜糜卯卯』，專業術語叫瀰漫性多處重度狹窄到完全阻塞、瀰漫性重度內膜加外膜鈣化。」在臺灣，做血管內膜鈣化旋磨技術的介入性心臟血管專科醫師，王志鴻算是排名很前面的專家，而張濟舵算是他目前遇過最嚴重的少數案例之一。

張濟舵做了冠狀動脈血管攝影，血管正如王志鴻所預料，是相當嚴重的阻塞，因此照會了心臟血管照護團隊。

心臟外科醫師看了影像，認為最重要的左前降支，因沒有可以接的血管，並不適合做繞道手術，建議先由內科醫師將鈣化磨掉，讓血管變軟再置放支架，等成功之後，剩下的血管再考慮施以外科手術或繼續做內科治療。

「這兩天，我至少把他的片子看了五十次以上，把所有可能的、不好的狀況通通研擬出來。」王志鴻坦白地說，像這樣的病人，不治療隨時都有心肌梗塞的風險，「他的血管超過十個地方，百分之九十五到九十九狹窄，一旦發作，可能幾分鐘就往生了。」

「所以為什麼每隔一陣子，就會聽到有人猝死。」在做與不做之間，醫師承擔著極大的風險，王志鴻表示，是病人的信任，讓他決定放手一搏，他對自己成熟的技術相當自信，而且他也做了萬全的準備——當天，心臟手術室停止開刀、葉克膜在心導管室備著。「因為我知道最壞的情況就是要用到它們。」

無常驟臨

「很快，二十分鐘就好了。」七月六日十點多，張濟舵再次進心導管室前，王志鴻一派輕鬆地安慰張蕙芬。

為了記錄下這一刻，張蕙芬請人用手機幫他們夫妻和王志鴻合影，三個人都伸出大姆指比「讚」，這是病人對醫師的肯定，也是醫師對病人的祝福。

時間一分一秒過去了，張蕙芬明白「二十分鐘」指的是醫師實際置入一支支架的時間，手術前後的準備與觀察，肯定不止這些時間，她坐在心導管室外的長廊靜靜地等待。

回想四月初，張濟舵到厄瓜多賑災前，從臺灣匆匆返美。住在附近的大女兒Ginger，好久沒見到爸爸，便開心地跟著張蕙芬一同前往機場。

此行，張濟舵是臨時受命，時間緊迫，要處理的事卻不容耽擱。看到太太、大女兒來接機，他一臉疲憊，不發一語；大女兒告知他懷孕的好消息，他也置若罔聞。

一向貼心又會撒嬌的Ginger，知道爸爸肯定又想著慈濟事，她雖然能理解和支持，但心裡還是不太好受。

隔天，張蕙芬才告訴大女兒，爸爸將前往厄瓜多，正思索如何將現值卡順利發給受災民眾而傷腦筋。「他一向將事情放在腦袋中，一開口便是要去執行了。我們回到家已晚上十一、二點，他才說一大早就要飛去厄瓜多，在家停留不到五個小時。」

出國賑災，有時早出，有時晚歸，張濟舵一向不愛麻煩家人或其他志工，總是自己叫計程車來回機場。那天，他問張蕙芬要不要載他去機場？她一時賭氣，便請他自己叫車去。

事後，張濟舵才反省說，他出國開會或賑災，行程忙碌不定，很少會打電話對家人噓寒問暖；那次，他風塵僕僕地趕回家，也不明白太太為何冷眼對待。

想到自己這些年來因為慈濟事，缺席了孩子們成長中的重要日子，如畢業典禮等，他很感謝太太總是盡力為他彌補孩子們的失落。

再次進入心導管室，張濟舵的心情一如他平靜的外表，波瀾不驚。

「無論做心導管檢查或放支架，都不需要麻醉，人是清醒著，可以聽見王副和我說話、告知目前進度。做檢查時，王副指著螢幕讓我看，告知：『現在導管要從手腕的橈動脈進入了⋯⋯』接著支架則是順著導管內的導絲進入血管的病灶處後撐開。」

張濟舵看著支架進入血管的畫面，聽到說第一支做好了；不久，又說第二支做好了。「接著，王副表示第三支需要一點時間。當支架才進入一半，我忍不住說：『怎麼一直熱起來，心臟好像很痛，很不舒服。』」

王志鴻告訴他：「沒關係，幫你打一針，幾秒就會比較舒服了。」

事實上，張濟舵的心臟已經發生痙攣，「不過打了針後，果真比較舒服。」「王副告知要再繼續做了，他對著操控室說：『轉速十萬轉……提升到十二萬轉……十五萬轉……』執行人員會再複誦一次，過沒多久，不舒服的感覺又來了，這次比前一次還厲害。」

張濟舵第一個念頭是「自己熬不過去了」，第二個念頭是「不知能否再回來」。「雖然躺在手術檯上，沒辦法做什麼，但我的意識非常清楚，覺得自己可能過不了這關。此生雖無大成就，不過如果真的去了，也沒有什麼好遺憾的；若真要說，唯一的遺憾就是，沒有機會向大家說感恩和道別，也想著如果真的去了，我一定還要再回來。」

陷入昏迷前，張濟舵清晰聽到王志鴻呼喚外科準備，外科也回覆都準備好了；「聽到很多人忙碌的聲音，叫我嘴巴張開、呼吸，被插管之後的事，就不知道了。」

時間不會因為人們心急就過得特別快，張蕙芬的座位隔壁坐著一對夫妻，先生是排十一點做心導管，眼看就快十二點了，卻還沒輪到他。

「不好意思，讓你久等了。」見對方有些不安，張蕙芬還安慰他們：「現在醫療很發達，別擔心，很多人都做過心導管，聽說就是一條管子通進去就好了，我們還是從美國回來做……」

思緒忽近又遠，張蕙芬突然聽到有人呼喊「張濟舵家屬」，她立刻衝進心導管室。隔著玻璃窗，只見一群醫護人員在裡頭忙碌著，「王副指著電腦螢幕向我說明……我只聽懂病人已經沒有呼吸、心跳了。」

「我聽到葉克膜被送進來了，那是在生死拔河的時候，才會用到。」張蕙芬頓地大叫。「當下才明白什麼是無常，雖然天天薰法香，但事到臨頭，法都不知要怎麼用。」

林欣榮院長得知消息趕了過去，志工老兵顏惠美也趕來了，只見張蕙芬語無倫次、發抖地說：「我需要安靜。」便拿著佛珠面牆而跪，喃喃念著：「求求祢，一定要把濟舵拉回來。」

「我一直胡思亂想，想到婆婆才剛走一個多月，求婆婆要保佑她兒子，他那麼孝順，千萬不能把他帶走。」張蕙芬又想起兩年前，她的父親裝上了葉克膜，七天後就不治往生了。「我心裡一直有個陰影，那只是小手術卻救不回來。」

「我聽到王副說：『濟舵，請你把嘴巴張開來。』我相信夫妻的心是相連的，也跟著說：『濟舵，你嘴巴張開來。』又聽到王副叫第二次，『濟舵，你趕快張開來。』我心裡更緊張，因為還沒有感覺他張開了。」

「我很急，就跪在地上求上人，您一定要把您的弟子救回來，我知道您一定會把他救回來……我又聽到王副很大聲地叫，『張濟舵，你趕快……』突然兩秒鐘、三秒鐘，我聽到濟舵的嘴巴應該是打開了。」

張蕙芬的心立時鬆開了，她衝進廁所亂跳，任誰都抓不住。等她出來後，張濟舵已送進加護病房。加護病房旁有個小佛堂，她走進去、不斷懇求菩薩，「他還有很多上人的願望要去做，一定要把他救回來……」

「因緣到了、業力來了的時候，法沒有用上，真的很痛苦。」事隔多年再回想那一幕，張蕙芬不禁感嘆，「我們平常在薰法香，總想無常到的時候，我一定能面對，可是這個無常來得太快了，要如何面對，就是我的功課。」

狀況連連

面對挑戰，王志鴻向來是不慌不忙、冷靜因應。

「這是我每個星期都在做的事，已經做了好幾百遍、好幾千遍，風險是一定要去面對，我的抗壓性算大，對自己的專業技術也很有自信。」鑽研高危複雜性冠狀動脈阻塞病灶的治療，一直是他感興趣的工作。

冠狀動脈阻塞治療時，要先放置一鋼絲通過病灶遠端，建立治療軌道後，進行各種術式。一般正常的血管，他只要幾分鐘就能從血管開口放進遠端。相較之下，光是為張濟舵放置那條導線，他就用了四十幾分鐘，難度立見分曉。

如此棘手病例，他本來計畫分三階段治療，「第一階段很順利，在左前降支近端放支架，以穩定血流；第二階段就不是那麼順利了，但也努力完成，用鑽頭旋磨後，遠端再放置一支架；第三階段，是同一血管中端旋磨，不幸發生急性血管閉塞併發症。」

他說明問題是出在第三階段，做旋磨時，血管發生很厲害的痙攣，引起血管急性閉塞，幾秒鐘內心跳就停止，「濟舵師兄說他受不了了，我喊停已經來不及了，打強心針沒有用，接下來就是一連串的急救，人工按摩、插管……再看還是不行，就趕緊放葉克膜。」

葉克膜小組早就啟動在一旁等待，當下他只能鎮定地安慰張濟舵，「好、好、好，針打下去就好了，你放輕鬆、放輕鬆。」

葉克膜簡單來說，就是人工心肺機，讓腦不會死掉，讓肺可以運轉，讓手腳功能可以維持。救心小組在裝置完成前，他仍持續為張濟舵做心肺復甦術，以維持全身血液灌流。

待導管插入鼠膝部的股靜脈，由馬達幫浦抽出血液，經體外膜氧合器，讓血液進行氧氣和二氧化碳的氣體交換，再輸入股動脈。他確認葉克膜開始運作，病人恢復心跳和血壓，又做了一次冠狀動脈造影後，即繼續進行旋磨手術，想盡辦法要把那一條血管完全打通，這樣進行後續醫療，病人才有機會存活下來。

根據他過去的經驗，這樣的病人救回來的機會不到一半，「如果只是一條血管有病變，救回來機會很高，大部分急救時打個強心針就救回來了，但他是三條冠狀動脈血管都有嚴重阻塞問題，一有併發症產生時，就像推骨牌，推倒一塊就全倒。」

「大家可能以為裝上葉克膜，就可以鬆一口氣，其實挑戰才正要開始。」張濟舵的手臂動脈、導管穿刺血管處止不住血，這是葉克膜的併發症之一。他加壓了三個鐘頭，還是沒辦法止血，手臂變黑變腫，併發腔室症候群，只好趕緊請外科醫師做筋膜切開術，否則可能就要截肢。

簽下手術同意書後，張蕙芬看到先生的手腫成「麵龜」，又是一陣手腳無力。「我求求你們，就算是把他的手鋸斷都沒有關係，只要把他的命救回來。」王志鴻肯定地對她說：「你放心，我們一定會想辦法，不只他的生命、還有手，都會盡全力救回來。」

「產生併發症到完成第三支支架，中間約一個多小時，心臟是沒有血流，所以後續這三、四個星期的拔河，主要是在幫他度過最不好的心臟損傷後修復階段。」經過五個小時的搶救，終於度過了第一關，王志鴻等十幾位醫護人員，把張濟舵從手術室推出來，送進加護病房。

此時，張濟舵的身上布滿了十四條維生管路，嘴裡放著人工呼吸器、頸部點滴分流掛滿，腿上還接著葉克膜，如果不小心移動到，可能會發生大噴血，因此他幫張濟舵打了強效鎮定劑，以保持昏迷狀態。

然而在這短短的過程中，張濟舵的腳已經發黑了。葉克膜的副作用之一就是末梢血液循環會變差，有不到百分之五的人會差到手腳黑掉，張濟舵的腳血管是同一性質的冠狀動脈粥狀硬化，也狹窄得很厲害。

他馬上請心臟外科醫師為張濟舵的股動脈血管做分流手術，從葉克膜接一條血管到股動脈，術後末稍循環重建改善，下肢因此得以保存。

「姊，你有毛病嗎？腦筋進水了？人家是偏鄉往都市求醫，你們大老遠從美國回來，真要做手術也是在臺北，怎麼會跑去鄉下。」張蕙芬的弟弟得知姊夫做心導管手術時，心跳驟停，緊急放置葉克膜後，已被送入加護病房，不禁氣極敗壞地說。

他是臺北一家教學醫院的小兒科醫師，對於自己在姊夫有醫療需求時，未能及時提供意見而感到自責。

但事情已經發生了，張蕙芬在瀕臨崩潰邊緣，靠著不斷祈求佛菩薩，好不容易才讓心安頓下來，親友的關心只有更增添她的紛亂，她冷靜地告訴弟弟：「我知道你愛姊夫，但事情已經發生了，要祝福。」

排山倒海的聲音不只一個，也有人問：「不是吃素二十年了，怎麼會血管阻塞？」她反問：「如果沒有吃素，豈不是會更嚴重？」還有人說：「好好的幹麻去做檢查？」她表示：「很多人心肌梗塞猝死，就是因為沒有做健檢，不知道自己心血管有問題。」

一週後，張濟舵的三個姊姊得知消息，也在外甥、外甥女們的陪伴下趕到花蓮。她們都八十多歲了，張蕙芬擔心她們承受不住，請大家先回臺北等候，並篤定地說：「我相信他一定會好，絕對會好。」

只留下兒子Sunny陪在身邊時，張蕙芬卻又不時地問他，「你真的相信爸爸會好嗎？」

「爸爸會好的，他做了很多好事。」Sunny在美國出生，中文不是很好，在張蕙芬一次次接到病危通知時，全靠醫護人員用英文向Sunny說明，由他簽寫手術同意書。

他們位於紐約的家，過去時常接待來自各地的慈濟人，譬如去進修或開會的慈院醫護人員、慈大和慈科大的教授或學生、去採訪的大愛臺同仁等，也因此結下許多好緣。

得知張濟舵病危的消息，除了美國慈濟人，遠至海地、巴西、巴拉圭、智利等因賑災而結識的當地志工，都一起為他集氣祈禱。

神經外科主任蔡昇宗曾帶妻兒一起赴哈佛大學進修，在美期間，張濟舵夫婦等志工給予許多協助，「他已返回花蓮慈院工作，第一時間就趕來陪我，雖然他是醫師，卻像家屬一樣陪著我去辦住院、拿藥，之後每每有緊急狀況，他或他太太都會馬上趕到。」

「王副和心臟外科張睿智醫師不眠不休守著葉克膜，大約一個星期，都沒有回去睡。」每天一早，張蕙芬就坐在加護病房外等待；遇有危急狀況，她就跑到一樓中醫診間外坐著，中藥的味道讓她感到安心。

「那裡有電視可以看大愛臺，剛好播到上人在跟濟舵說話，那次是請他去厄瓜多。」張蕙芬想到先生有「薰法香」的習慣，在美國時，他們每天清晨四點多就出門去紐約分會，帶領大家一起聆聽證嚴法師晨語開示；出國賑災時，只要時間允許，也會邀志工們一起聞法。

在海外，每每需要文宣、海報等，慈濟本會文發處副主任黃文欽總是很快協助寄送。「他每天都會來醫院關心一下，或問我們想吃什麼，我就請他幫忙將上人每天的晨語開示錄音存檔，送進加護病房播放給濟舵聽。」

「有一天很早，我看到慶方跪在加護病房外念念有詞，後來她告訴我，『聽到舵哥出事，我緊張得要命，不能做什麼，只能祈求佛菩薩保佑。』」曾慶方和先生何日生也是因為曾去紐約而與他們相熟。

「很奇怪，每次濟舵有緊急狀況，我隨便躲到醫院哪個角落，剛好都會遇到熟識的志工。平常都在關懷別人，遇到自己被關心時，才發現語言不通不是問題，有肩膀可以依靠，心就定了。」

有一次是在急救，張蕙芬坐立難安，只能漫無目的地在醫院走著，心急到快累癱時，遇到在茶道課認識的顧佩珍。「她來醫院當志工，在門診區服務，見我一直哭，什麼也沒多問，要我坐下來，幫我按摩肩頸，按了快一個鐘頭，陪我兩個多鐘頭，直到濟舵轉危為安。」

每晚九點以後，張蕙芬從醫院回到住宿的房間，就坐在窗前發呆、流眼淚，她的房間窗戶面對靜思堂，另一邊望過去就是大捨堂，「想到萬一……要捐大體，就得往大捨堂送，我幾乎每天哭，只有吃下安眠藥才能睡著。」

「雖然每個夜晚都很難度過，但真的很感恩許多人的陪伴，每一分祝福都是支撐我的力量，我相信一定可以關關難過關關過。」張蕙芬細數法親們的關懷，只怕掛一漏萬，「精舍師父們、王爸爸（王端正）、林執行長（林俊龍）、林媽媽（洪琇美）等人在危急時刻都趕來，不會煮飯的林副總（林碧玉），帶了自己煮的豆漿來；阿利師姊、樹姍師姊或來電或留言，鼓勵我要有信心，要充滿正能量；侯博文師兄和他家師姊珀玲帶來吃的、用的給我和兒子；春雄師兄、秋華師姊看我吃不下，三餐買不同的食物送來給我；國氣師兄、思彣師姊看我坐在那邊發呆，就在一旁靜靜地陪我……後來我才知道，王副也發願吃素要回向給濟舵。」

生死拔河

兩天後，張濟舵奇蹟式地好轉，人也清醒了。王志鴻和醫療團隊評估各項指數，決定拆除葉克膜，由心臟外科團隊執行。

術後，王志鴻一直守在加護病房，因為前幾個小時是關鍵時刻。他很清楚像這樣的情況，如果三條血管只有一條有問題，一般度過第一關就沒事了，但張濟舵是三條血管都嚴重阻塞，只有打通的那條血管是好的。

五個小時後，張濟舵的血氧濃度從百分之一百、九十五、九十、八十五、八十……一直降下來，出現心臟衰竭現象，他根本來不及請呼吸治療師過來幫忙，只能自己一邊調整呼吸器，一邊打電話呼叫心臟外科團隊。

當下的每一個步驟，以迅雷不及掩耳的速度進行著，他決定再把葉克膜裝回去，並當機立斷對心臟外科醫師說：「沒時間去手術房了，就在病床邊放置葉克膜，雖然感染機會比較高，但或許還可以再救回來。」

他曾請醫學生做過一個統計，以花蓮慈院最近三年放葉克膜的病人為對象，三十四個人的存活率是百分之四十。很多人第一次放葉克膜失敗就放棄了，因為各方面條件都比較差；第二次放葉克膜的病人，他們曾經做過五、六位，沒有一個人存活。

張濟舵的整體相對條件，包括腎、肺功能還算不錯，因此他決定放手一搏。然而，再度放置葉克膜的那天晚上，情況還是沒有好轉，這意謂著生還的機會愈來愈渺茫。

「次日清晨五點多，我一個人回到心導管室，莫名其妙地就哭了起來，哭得很大聲，這輩子大概只有三次出現那種感覺。」

第一次是他大哥三十八歲那年，從加拿大回來心臟開刀後，情況一直不好，十三天後就往生。那時，他還只是個住院醫師。

第二次是從小一起長大的朋友，後來去當船員，才三十多歲就心肌梗塞，已全力搶救回來，且恢復得不錯，第四天吃飯時卻在他面前倒下。後來，心臟超音波證實是發生少見的心肌梗塞後心臟破裂的致命併發症。那時，他剛當上主治醫師。

第三次是照顧一個有家族遺傳的病人，全家七個男生，通通在四十歲前因心臟病往生，當他照顧的最後一個也走了，面對一群老弱婦孺的無助家屬，他的感覺一樣是無助。

「每次離開心導管室回到辦公室，我就把片子拿出來看，傻傻地看，一直在想，還有什麼是可以再努力的。」他的想法是有一條血管是好的，另外兩條不好，才會如此。如果另兩條血管也置入支架，會不會有幫助？

「七月八日再度裝上葉克膜，九號早上我們又接到電話，說要送到心導管室。」張蕙芬只要一聽到手機響，就心跳加速，雙腳無力，只能由Sunny負責簽手術同意書。

原來，張濟舵的心臟功能一直在衰退中，王志鴻不想放棄任何一個機會，決定再設法疏通另兩條血管，「心導管檢查結果，發現已暢通的那條血管繼續維持，另兩條也沒有惡化，醫療團隊怕增加他的心肺負擔，決定還是接受葉克膜保守治療。」

「如果真的不行，臺北慈院的心臟移植團隊陣容堅強，若有需要，他們會將人工心臟（心室輔助器）帶過來，採重症加護方式照顧，這樣可以再維持半年，等待換心的機會。」王志鴻將最壞的打算跟Sunny說明。

「一連串的緊急狀況，全是我無法想像的。」張蕙芬時而魂不守舍，時而歇斯底里，每次進加護病房前總是手腳發抖、再三祈禱，「看到濟舵有進步就放心，情況若不好就很擔心。」

為了避免張蕙芬控制不住情緒，大家商議後，決定盡可能讓她在加護病房外等待消息。

懷孕七個月的大女兒，從紐約搭機返臺，王志鴻對張濟舵說：「Ginger現在就在你旁邊，你不是在紐約，是在花蓮。」一聽到這些話，閉著眼睛的張濟舵，突然嘴角就下彎了。張蕙芬知道先生是捨不得大女兒勞累奔波。

紐約志工段登傑剛好在臺灣，一有時間就從臺北前去陪伴。加護病房只能在固定時間進入，一波波前來關懷的人潮，聚集在佛堂旁的等待區。一日，段登傑前去探病，張蕙芬開心地告訴他，「濟舵醒了，你趕快進去看看他。」

張濟舵並不是完全清醒，當有人輕喚他時，眼睛會眨一下，心跳指數也會上升；段登傑在他耳邊說了幾句祝福的話，換來了他好幾次的眨眼。回到等待區時，他將所見向大家敘述一遍，眾人皆欣喜有反應表示病情已好轉。

一陣交談後，大女兒Ginger已從加護病房走回等待區，「我問爸爸：媽媽等在病房外面，你想不想要她進來看你？如果No，就眨一下眼睛；如果Yes，就眨兩次。」

「結果呢？」大家同聲問道。

Ginger面帶疑惑地說：「爸爸眨了三下眼睛……」

眾人一陣議論，有人解讀為：「他想要，又不想要！」

有人說：「他說不要，又後悔想要……」

這時，段登傑忍不住發言了：「以我對濟舵師兄的了解，他的意思應該是——No、No、No！千萬不要。」

平時愛說笑慣了，張蕙芬不以為意，明白大家是見她心情低落，故意要逗她開心。

加護病房中，張濟舵在生與死之間拉鋸；加護病房外，張蕙芬不斷地寫LINE，希望能用心電感應喚醒丈夫。

她傻傻地寫，每天想到就寫給他——

「你發的願、我發的願，都是生生世世追隨佛陀的腳步，哪裡有災難，我們一定全力以赴，上人發的願，就是我們的願，我們一定要去完成。」

「今天一早，望天大喊：『張濟舵，你可以醒來了！』當下也沒有想這麼多，只有大聲吶喊：『濟舵，快醒來！上人和全球慈濟人都叫你快點醒來，不要再貪睡了。』蓮花池中開滿朵朵蓮，就像你做事一樣出汙泥而不染，不管遇到任何考驗，你都能夠克服……」

除了用寫的，張蕙芬也不斷對張濟舵軟硬兼施地喊話；從「你一定要好起來，不然我就把你的信用卡全刷掉。」到「只要你好起來，以後不管什麼事，我全都聽你的。」

七月十日中午，張蕙芬從加護病房出來，緊蹙的雙眉瞬間舒展，止不住淚水，也止不住開心，「我看到濟舵流眼淚了。」陪同進入的Sunny補充說，「爸爸聽到我們的聲音，儀器立刻有反應，尤其媽媽講話時，指數跳升好多，非常明顯。」

大家立刻七嘴八舌地解讀，有人開玩笑說：「濟舵師兄可能心想，我若好了，又要聽我家師姊一直叨念，於是就掉下了眼淚……」最後，段登傑才提醒大家，關鍵點是「濟舵師兄一聽到『只要你好起來，以後我什麼都聽你的。』這句話，才流下眼淚的。」

七月十五日是張蕙芬的生日，張濟舵仍處於生死交關時刻。隔天，全球志工總督導黃思賢從美國回到臺灣，在三萬八千多英呎高空，寫下「虔誠祈禱，諸佛菩薩，加持保佑，濟舵師兄，平安脫險，早日康健，共行慈濟菩薩道」；美國慈濟醫療基金會執行長葛濟捨夫婦，也專程回臺前往花蓮了解、關心。

由於張濟舵的身上放了很多管子，每天都要輸很多血、用很多藥，「加護病房裡一些虎視眈眈的、有抗藥性的細菌，最喜歡找這種生大病的人，所以感染就來了。」面對一個接一個的併發症，王志鴻和醫療團隊嚴陣以待，片刻都不敢放鬆。

小女兒Lois懷孕九個月了，住在舊金山的她，得知爸爸病危的消息，既擔心又無助，「我只能提醒自己，要生下一個健康的寶寶，等孩子出生，我就可以回臺灣探望他了。每晚，我都上YouTube跟著唱誦《心經》，祈求父親早日康復。」

Lois患有妊娠高血壓，醫師已安排為她引產，但也許是壓力太大，嬰兒還是提早兩週出生。「外孫要生了，我又開始胡思亂想，擔心濟舵會去投胎。」張蕙芬整顆心就像懸在半空中，無處安放。

她只能拿起手機傳LINE給先生，「今早，我抄《藥師經》回向給你，你知我沒有耐性，但你一定有感應。Lois在醫院待產了，我們幫不了她，雖然你躺在病床上，我相信你也和我一樣，祝福她順利把小外孫平平安安生下來。」

歷經二十七個小時陣痛，Lois生下一個健康男嬰。此時，北加州的志工開了一個多小時的車，已抵達醫院。「這是我的第一個孩子，也是一次充滿壓力和疲德的生產經歷。看到他們給我帶來了康復食品，我感受到了愛和支持。」

之後一個月，北加州志工Nancy、Roxanne、LuLu、Ivy、劉寶足、黃梅香、謝明晉等人，每天輪流送月子餐到Lois家。「這些食物讓我能夠更快地恢復，丈夫和我都非常感謝他們。」

望著手機傳來母子均安的照片，張蕙芬又開始寫LINE了，「老公，我們當外公、外婆了，你快點好起來，我們回美國看孫子。」

七月十七日一早，張蕙芬帶著Ginger和Sunny到靜思精舍。行腳剛回來不久的證嚴法師，語重心長地對她說：「心一定要靜下來，要你不要擔心不可能，連我行腳期間也都掛心著濟舵。所以，我要你靜下心來，這是對你修行的考驗。」

「我媽媽的情緒，只有零或一百，沒有中間。」Sunny跟法師分享時，把張蕙芬的情緒反應形容的維妙維肖，連法師都忍不住笑了，「請上人幫忙跟媽媽說，要她別擔心、緊張，因她只聽您的話。」

從頭學起

張濟舵張開眼睛了，但他第一個找的人不是妻子和女兒，而是慈濟本會宗教處同仁邱國氣。王志鴻不解地轉述：「他說要找國氣開會。」張蕙芬一聽就了然於心，「因為他的八識田裡全在做慈濟。」

有一天，王志鴻走出加護病房後，又告訴她：「濟舵說要護照。」她想該不會是護照過期了，趕緊請家人從臺北寄來花蓮，事後才知他清醒過來時，以為自己身處中國某家醫院，而他滿腦子想著要趕快出院回去花蓮，因此需要護照並安排專機。

話說，張濟舵在美國發展自己的事業後，依舊經常出國不在家。一日，住家被洗劫一空，幸好太太和孩子們都平安沒事，考量治安與學區，他們決定搬到紐約州長島市大頸鎮（Great Neck）。

張蕙芬若隨先生出國，家中除了有固定的保母，父親也會來美探訪並幫忙看顧外孫。「爸爸很好客，有一次回家，家裡來了很多人，後來才知道他們都是慈濟人；其中一位是鄰居郭碧蓮，她很熱心鼓勵我們送孩子去學中文。」

那是一九九八年九月，慈濟紐約長島人文學校剛成立，張濟舵夫婦幫三個孩子都報名，成了第一屆新生。

住家離人文學校車程約五十分鐘，週末只要有空，張濟舵會負責接送孩子們去人文學校。或許是年齡、背景都差不多，在等待孩子上課的空檔，家長們很容易就熟稔了，「慈濟和我以前接觸的佛教團體不太一樣，後來才知道學校裡包括老師、行政人員等幾乎都是志工。」

每當有慈濟茶會、義賣等活動，學校都會邀請家長參加，張濟舵因此認識了長島聯絡處的負責人葛濟捨，「他本身學醫，後來又經營事業，為什麼會全部放下，一心投入慈濟？」

好奇與疑惑，經過探究後，張濟舵彷彿看到一道光。

「接觸慈濟時，我才四十多歲。在全美慈濟志工裡，長島的志工算是比較年輕，大家提出的活動構想，譬如為愛揮桿高爾夫球賽、合唱團等，比較符合當時社會的期待。」

為了更進一步了解慈濟，張濟舵和這群志同道合的朋友，相約暑假帶著家人一起到花蓮靜思精舍尋根。「一下車，就碰到黃華德師兄，我以前在臺灣的公司和他的公司有往來，一下子就拉近了距離。」

黃華德一九九一年就加入慈濟，對慈濟籌備中國賑災用的衣物，出力甚多。投入慈濟後，開始將吃喝玩樂的時間，全轉移到志工活動中，把「行善」當成企業經營的核心價值……張濟舵似乎又看到了第二道光。

到了靜思精舍，每個人見到證嚴法師都表現出不同的激動，「阿芬是淚流滿面，說不出話，我是一直壓抑著深怕控制不住內心的澎湃，孩子們則是很開心。我們在精舍待了一整天，看見弱不禁風的上人，有這麼大的願力，除了敬仰，也想要追隨。」

真正讓張濟舵決定放下事業，是二〇〇三年回臺參加慈濟營隊後，跟著黃思賢、葛濟捨和林靜憘前往馬來西亞關懷志工，也一方面參觀學習，到全馬各地了解慈濟洗腎中心的運作，「我除了隨緣贊助，也跟濟雨師兄聊了一下，才知他已結束製衣廠事業，全職做志工。」

劉濟雨是在馬來西亞創業成功的臺商，他從「九分事業一分志業，慢慢轉變成九分志業一分事業」，最後乾脆將「一分事業」都捨掉，把千餘坪廠房捐作慈濟幼教中心和義診中心。

他以過來人的經驗告訴張濟舵，「要就百分之百放下，不要只放一半。」第三道光亮晃晃出現在張濟舵眼前。

從馬來西亞再回到臺灣，大家輪流向證嚴法師報告此行心得，法師突然問張濟舵：「有沒有願力承擔紐約分會執行長？」

張濟舵沒有拒絕，也沒有馬上答應。「既然上人問，我就認真思考，公司在中國的擴展計畫已在進行，我如果不去負責，要怎麼跟合夥人說？」

在這之前，張濟舵的四姊因背痛不適，推拿無效，到醫院檢查，竟是罹患腎臟癌，不到兩個月就往生了。「姊姊才五十歲，她一直很照顧我這個弟弟。」張濟舵還記得自己小時候頑皮，被熱水淋滿身，燙傷住院，都是姊姊在照顧他。

姊姊的喪事結束，張濟舵回到美國，嚴重急性呼吸道症候群（SARS）就在中國南方爆發，由於疫情十分嚴重，一般商務往來停滯，公司擴展計畫只好暫時擱置。潛困在紐約的張濟舵，心想因緣既然如此，便決定接下紐約分會執行長的職務，「我算一算，賺的錢已夠這輩子用了；在事業上，我也無心再追求更多了。」

張濟舵是在美國認識事業合夥人，初期以貿易方式，下單出口；之後，決定在合夥人的家鄉買地蓋廠，進口全新的設備。為了控管品質和穩定產出，從紡紗、織布到成衣，採一條龍全套機器生產模式。

產品訂單除了來自張濟舵在美國的公司客戶，為使工廠產能充分利用，他們又進一步擴展到零售業，以併購市場品牌的方式，在中國一、二線城市有了近三百家直營和加盟的連鎖店。

「零售不是我熟悉的領域，又無法前往中國親自投入經營，最終能以巨額轉讓股分，退出經營，很是感恩。」人生汲汲營營，所求為何？張濟舵不想自己後半輩子繼續在商海浮沉，也不想用事業限制住孩子們的發展，「我只希望他們平平安安、健健康康。」

轉普通病房的前一天傍晚，黃文欽邀張蕙芬母子去他家吃麵，「你不吃，Sunny 也要吃。」

「結果去他家才不到五分鐘，手機又響了，黃文欽急急忙忙載我們回醫院，到了醫院才想起他煮麵的火還沒關，趕緊又跑回家去。」Sunny到加護病房外等消息，張蕙芬依舊到中醫部的候診處坐著。

身體才稍有起色，張濟舵就想要離開加護病房。「那時他整個人很瘦，真的是骨瘦如柴，還包著尿布、插鼻管……」張蕙芬不捨地說，先生沒生過什麼病，每次看見他手臂上的大傷口，都只有強忍著淚水。

在加護病房住了二十二天，張濟舵終於轉到普通病房，他的身體還是非常虛弱，凡事都得從頭學起。

「我跟上人說，我現在就像小孩子一樣，要重新學步。」手機視訊時，證嚴法師給了張濟舵幾句話，「那很好啊！菩薩都要經歷幾個階段，第一個就是赤子之心，然後要有駱駝的耐力和獅子的勇猛。」

為了訓練手部功能，張濟舵開始練習書寫，從一寫到零，還不忘要寫「上人」和「無量義經」。

「剛拔掉鼻胃管、練習吞嚥時，宣師父天天熬米湯來給他喝，憶慧師姊也寄來力增飲為他補充營養。」一開始，張濟舵完全沒有食欲，張蕙芬至今還很感激專科護理師洪瑋羚，「她每天都會到病房，設法教他吃一點、喝幾口，開導、鼓勵，也陪伴復健。」

「他一碗飯吃很久，太太說怎麼只吃三塊小豆腐？他說已經吃五塊了，兩個人就為了三塊、五塊，爭論不休。」王志鴻搖搖頭笑道，「後來，我乾脆餵他吃，有時間就去餵他，他真的賣我的面子，多吃了一些。」

接著，王志鴻抱他坐上輪椅，「讓他看看外面漂亮的世界」；拔掉尿管後，又教他如何醞釀尿意、自己解尿。開始學走路的前一、兩天，親自扶著他一步一步走，兩個人好像在跳探戈，一個後退一步，一個就行進一步。

「王副像親兄弟一樣，為濟舵把屎把尿、幫他刷牙洗臉；看到鬍鬚長了，也幫他刮乾淨，才發現他皮膚長了兩粒小紅點。」張蕙芬表示，經皮膚科醫師確認是帶狀皰疹，後來不僅脖子、連整個背部都有。

雖然即時給予治療，還是留下神經痛的後遺症。因為手臂做筋膜切開術的傷口尚未縫合，張濟舵痛到手一直發抖；至今，帶狀皰疹的後遺症還是很困擾他。

「濟舵，我們現在來繞佛繞法。」黃文欽每天到醫院探望時，總是說說笑笑鼓勵他，扶著點滴架陪他練習走路；他也是王志鴻的病人，心臟裝了五根支架，便開玩笑說：「我是五根五力（信根、信力；精進根、精進力；念根、念力；定根、定力；慧根、慧力），你三根還不夠力，要加油！」

終於可以跨出病房區了，張濟舵想要去薰法香，王志鴻就說：「好，我陪你去。」隔天早上四點多，王志鴻即來到病房，陪著他慢慢走到靜思堂地下一樓國際會議廳，聆聽證嚴法師晨語開示。

「一個重症病人，如何讓他恢復得快，就是讓他回歸平常的生活型態。薰法香是他每天在做的事，在加護病房住那麼久，腦筋有點不太清楚，最能夠刺激他或許就是薰法香。」只要是對病人有益處的，王志鴻都覺得值得一試。

「沒有經歷過的人應該很難體會，手不能動、腳無法站的感覺，我的起步雖然很艱難，但是恢復神速。真的很感恩有這麼優秀的醫療團隊，來保護我這個身體，包括臺中慈院簡守信院長等人，也說很擔心我的心臟曾經暫停二十分鐘，會不會造成腦部缺氧，沒想到我的腦筋思緒還是非常好。」

張濟舵不知如何解釋發生在他身上的一切，也只能將所有的幸運化為感恩，「所有認識、不認識，曾經有緣、無緣的，在我最危急的這一段時間，或出現在我身邊或在遠方為我祝福，上人常講要結好人緣，我深深感受到了。」

因腔室症候群而做筋膜切開術的病人，傷口無法立刻縫合，通常還需要進行第二次、第三次手術，甚至還需要植皮。「他的傷口非常大，若是植皮需要做全身麻醉，卻因為變瘦了，不用植皮，局部麻醉就可以縫合。」王志鴻表示，這是最後一關，也就是可以出院了。

夢中意識

做夢，是人類腦部活動的正常表現。夢境，有些會記得，有些醒來就忘了。失去意識這二十二天，張濟舵做了一個很長很長的夢，並清楚記得夢中的一些細節，他不曾有過如此深刻的夢，也不知該如何解釋！

「到底是夢境還是潛意識？我們的眼、耳、鼻、舌、身、意，六根所觸，一直收藏在八識田中，或許那不是夢。」從生死邊緣被呼喚回來，張濟舵分享所經歷的奇幻過程，是對自己的警惕，也是一場生命教育。

那鮮明的場景與人事，我仍歷歷在目——

救護車的聲音不絕於耳，救難人員、警消人員忙碌地奔跑著，地鐵癱瘓、隧道淹沒，沿海居民還在設法撤離中，又傳出變電所爆炸造成大規模停電……

四周景象似乎是熟悉的紐約，眼前的景象宛如戰後廢墟，我和一群穿著藍天白雲的志工身處其中，每一個人都非常忙碌，臉部表情很是緊急。

忙了好一陣子，該處理的都處理了，第一線救災人員對慈濟人表示感謝。

我看到一輛救護車，旁邊掛著一個牌子，上面寫著——「感謝許多團體的協助，今天將提供志願者一項免費身體檢查。」現場很多人開始排隊了，我問同行的志工是否有意願，於是大夥也加入隊伍之中。

等候的時間非常漫長，終於輪到我接受檢查，醫師說我的身體有些狀況，需要立刻進行手術。我很感謝醫師幫忙找出問題，也接受所提的治療建議。

突然之間，我來到一個不知名的場所。

咦，我不是在等候手術嗎？醒來卻發現自己躺在行軍床上。望眼看過去，還有一堆人躺在一張張行軍床上，他們看起來都像睡著了，這到底是哪裡？

我仔細看了一下周邊，各色人種都有，這些人不是和我一起排隊接受檢查嗎？怎麼都睡在這邊，只有我醒來？

我起身走到戶外，發現是一處風光明媚的度假小島，有著美麗的沙灘。我曾經跟幾位要好的朋友來過這個地方，還待了很長一段時間，在這裡發生了一些故事。

我再走進室內，一個金髮白皮膚的男士已經醒來，問他知道這是怎麼一回事嗎？他也說不知道。

我想自己既然來過這裡，也認識島主的女兒，不如就試著去找她，或許她會知道我們是如何來到此地？

果真，島主的女兒向我細說了原委——

「是有人在操作這次的計畫，趁你們接受手術治療時，雇用了一艘船，把大家通通載來小島。主事者因為投資生意失敗，面臨龐大的債務，便採用不法的方式，把你們帶過來；如果你們願意給錢，他就會把你們送回去。」

原來是這麼一回事，我想這不應該啊，這麼做是違法的，便問島主的女兒：

「你知道這個人是誰嗎？」

她說：「你跟他很熟啊！上次你來這裡就認識了。」

我憶起曾經在島上相處的時光，島主的女兒帶領大家四處觀光，她對我暗送秋波，但我已結婚，只能置之不理。與我同行的是一位醫師，他對島主的女兒有愛慕之意。

當時，我很明確拒絕島主女兒的愛，也告訴她，彼此之間僅止於朋友。

我問島主的女兒：「他現在人在哪裡？」

「就在島上。」

「能否找到他，我來跟他談。」

由於天色已晚，島主的女兒約我稍後到她家會面，她會請他過來。

我有信心島主的女兒很快就會找到他，果不其然，半夜這個醫師就出現了。

我請他坐了下來，好好問明原因，並給予解決方式。其實，他面臨投資失敗的壓力，自己也感覺這麼做不應該。

他把和對方簽的合約都給我看，我也教他怎麼跟對方聯絡、處理，並表明我願意協助，前提是必須盡快把這群人送回去，他說：「當然，我知道自己這麼做不應該，會按你說的把他們送回去。」

我要感恩這位醫師，雖然他不應該這麼做，但畢竟他也提供這麼多人服務，我和他雖有小情小愛的糾葛，但我們都坦然面對，也變成非常要好的朋友。

人生中少不了都會經歷小情小愛，但要選擇對的方向。我們都是帶業而來，或許前世有過恩怨情仇，幸而最後都有了正向的認知。

醫師說：「我會送你們回去，我一定做到。」

突然，我來到了另一個港口。

船靠了岸，我下了船，這裡不是中國廣州嗎？入境後，救護車已經在等候，我被送到一家醫院，醒來聽到醫師們的對話，他們說還好沒有什麼大問題，只要再繼續接受治療，身體就可以康復了。

一睜開眼，看到一個慈濟的標誌，便問這是哪裡的醫院？他們說：「是廣州的蓮花醫院。」

我問：「蓮花醫院與慈濟有合作關係嗎？我在慈濟這麼久，沒聽說過慈濟和廣州有合作的醫院啊？」

他們說：「沒錯，我們的醫護人員彼此都互訪過。」

過了一陣子，到了半夜的時候，那位醫師出現在我病床前，他說：「我答應你的事都做到了，你現在被送到的醫院是我服務的地方，你放心，就安心地養病。我們和慈濟有合作……」

他說了幾個熟悉的名字，突然我看到一個穿白袍的醫師，那不是林俊龍執行長嗎？他拿了報告翻一翻，對我說：「好、好，你就安心養病，不用急著回慈濟醫院。」

聽到回慈濟醫院，我想不對啊，入境時沒帶護照，要怎麼離開？等我身體好得差不多，要怎麼出境？到時要搭飛機，是要包機還是多訂幾個座位，我想趕快離開這裡，想回去慈濟醫院，心裡盤算著要怎麼進行。

我把心中所想告訴那位醫師，鼓勵他要好好回饋社會，千萬不要再做那些事，他也誠懇地接受了我的建議。

此時，又出現另一個場景——記者耳聞有人透過漁船挾持很多人送到海外，他們找到我是其中一位，想訪問我，但那時我不能動，要怎麼訪問？記者說：「你放心，我們都安排好了，只要你願意。」

我說：「好啊，什麼時候？」

我的腦子裡還是存在別的想法，認為那位醫師不應該使用手段，雖然他已表示後悔與懺悔，但我的心還是在拉扯，在隱惡揚善的道理，和正義凜然的個性之間掙扎。

既然要接受訪談，醫護人員就配合把病床推上車子，我被載到廣播電臺，直接推著病床進錄音室，後來才知道這個節目在中國很是火紅，主持人很有名氣，若經由此報導，將會引起軒然大波。

當時，我在想要怎麼來破題，想到自己在慈濟這麼久，不管是碰到事或人或社會問題，偶爾還是會有解不開的疑惑，若能就近請教上人，該有多好；可惜海外慈濟人沒有這樣的機會，有問題只能自己去處理解決。

突然，我收到一封email，上面寫著：「不管你在任何的境界，碰到人、事，都要把它當成一種修行。」我彷彿開竅了，不需要上人直接來告訴我，在接受訪談的時候就提了出來。

主持人問：「你怎麼願意將自己的遭遇和經歷，向大家公開？」

「不對的事情應該要去防止，要讓大家知道。」我理直氣壯地表示，要去斷除這樣的行為。

訪談後，我又被送回醫院。

那是一個相當受觀眾喜愛的節目，網路的流量引起非常大的關注，所以主持人希望再安排約訪。

我說：「好，只要醫院安排妥當。」

我等著那天到來，他們一直說還在安排。我等啊等，怎麼沒消息，心想也無所謂。後來才知道，是那位醫師不讓我去，他自己去接受了訪談。

我想這樣也好，大眾不能只聽一面之辭。

醫師接受訪談回來，他坦然地跟我說了這件事，又述說了他的過往背景和家族歷史。他們家族好幾代都生活在小島上，早期在當地算是很有名望，每一代對當地都有很多的貢獻。

講到家族的過往，我鼓勵他要對當地有所回饋。

他點頭表示：「因一時的錯誤，我做了不該做的事，接受訪談是為了坦誠自己的錯，往後一定會努力回報社會。」

「這樣很好啊！」

因為節目暴紅，大家都知道了這件事，網路傳播的效應，真是無遠弗居，這不就是慈濟所缺乏的嗎？我們應該醞釀一個小組，透過分享文字形成力量。

我腦海中還出現了一些人名，這個應該由誰來做……雖然大家都認同也著手進行，但最後工作卻全落在上人身上，又要接受影像錄製，又要撰寫文稿。怎麼事情到了最後，都是上人在做？

唉！沒有護照，離開醫院後，怎麼回臺灣？我也不清楚自己那時是否清醒，睜開眼睛當下，好幾次才回神過來，不是在接受心導管治療嗎？為什麼眼睛一張開，就聽到太太在旁邊說，誰誰誰來看你，你要安心靜養。

我不知道她在講什麼，我不是在廣州嗎？「你們怎麼都來了，是不是幫我把護照準備好了？是否要醫院開證明？」

我又問王副：「如果我要離開，要準備什麼？」

王副回答說：「沒問題，你要什麼，我們都可以配合。」

雖然醒了，但我不知道自己在哪裡，也看到熟悉的人來探望，卻沒什麼力氣講話。

我記得醫師要回去居住的小島，希望找慈濟合作義診，我熟悉這小島的一切，也知道哪方面不足，深怕慈濟被騙，剛好思賢師兄來看我，就提醒他，「千萬不要什麼都答應，要去了解，要審慎評估……」事後，思賢師兄說不知我在講什麼。

太太說，我一醒來就要找宗教處同仁開會，她還請家人趕快把我的護照寄來花蓮，也不知道為什麼我要找電腦？

因為電腦裡面有證據，我接受訪問，訊息傳開，全世界都知道，美國司法單位收到訊息，要去調查，我的女兒是律師，她說要幫我擬一個信函提供給法院，讓他們做判斷，我的電腦裡有存檔，證據不能流失。

躺在加護病房裡，我聽到隔壁老阿伯正在接受插管，有人準備開始助念……我想既然有緣躺在老阿伯旁邊，就隨著大家一起助念，和他結一個法緣。醫護人員非常貼心詢問家屬的宗教信仰，居住在哪裡，處處考慮周到。

張濟舵從半夢半醒到意識逐漸清楚，夢中出現熟悉的災難現場和景象，他事後回想，認為人生中走過的足跡、做過的事，真的有可能烙印在意識田中。

「上人經常提醒我們要留意身口意，因為做的每一件事情、想的每一個念頭，都會存在八識田裡，識是平日所做所思的累積，我們的習性因意根與塵境接觸而起作為，有善有惡累積為業，要能轉識成智，轉五識為成所作智，轉六識為妙觀察智，轉七識為平等性智，而入八識清淨無染的大圓鏡智。」

出院後，張濟舵來到靜思精舍，向證嚴法師說起失去意識後，所經歷的種種境界，「對外揚忠，應不應該？」法師聞言對他說：「你的念頭還存有別人的過錯，甚至要去對外公開人家的惡行，表示你還有待修行。」

昏迷時，張濟舵隱隱約約聽到有人在呼喚，「最深刻的呼喚就是聽到上人的晨語開示，也不曉得真不真切，上人說我的弟子是誰誰誰，那種很熟悉的聲調，我似乎聽到了，也因為這個呼喚，我突然好像回神過來。」

事後，張濟舵對此種種，有自己的詮釋與看法，「當魂魄離開身體的那一刻，沒有辦法自己去左右，唯有在意識田中，平日所做會牽引著我們。」他以自己的經驗，提醒大家生命無常，要善用時間累積福緣、增長慧命，遠離惡業，廣結善緣。

回歸日常

清晨五點十五分，張濟舵準時出現在花蓮靜思堂的簡報室，等待五點二十分，與靜思精舍連線，聆聽證嚴法師的晨語開示。

四年來，無論是冬日起早摸黑，或是夏日天光已亮，他的步伐總是不變。就像以前住在紐約那樣，除非是道路不通，否則即使遇到大風雪，也阻礙不了他前往會所「薰法香」。

二〇二一年五月十九日，臺灣因新冠肺炎疫情進入三級警戒，實體宗教集會活動全部暫停。隔天，他一如往常，盥洗換衣，打開電腦，進入「慈濟線上即時共修」平臺，靜坐調息，等候網路直播。

這個已運作一年多的視訊平臺，讓有心參與共修的民眾，無論身處何處，只要透過手機連線上網，就可以與靜思精舍常住眾同步精進。

眼看二〇一七年就要到年底了，延遲回美的時間，一個月又過了一個月，張蕙芬想家的心情不言可喻，但是張濟舵大病初癒，還需要繼續回醫院復健，因此他們決定暫留花蓮，租住在慈院旁的同心圓招待所。

「上人曾說我很好命，不是有錢的好命，是被人惜命命，大小事都不用煩惱。」一白喻是「小鳥依人」的張蕙芬，在先生面臨生死關卡的同時，儘管身邊隨時都有人協助處理各種事項，但情勢卻逼得她不得不學會堅強。

她還記得，出院才沒幾天，躺在床上休養的張濟舵，突然對她說：「我如果真的走了，你不要哭喔！」

她知道先生是不會輕易說這樣的話，鎮定地問：「你怎麼突然這麼說，我們好不容易走過來了，你一定會好的啦！等你好了，我陪你去散步，每天做復健，我們要回美國，還有很多事要做……」

原來，張濟舵只要一起床或翻身，就感到天旋地轉、噁心想吐，卻又不知自己是哪裡不舒服。張蕙芬按耐住心中的緊張，先設法將人送到醫院，耳鼻喉科主任陳培榕確認是耳石脫落，施以耳石復位術，就不藥而癒了。

先生沒事，張蕙芬懸掛著的一顆心，又可以暫時放下。她想起剛進慈濟時，聽證嚴法師開示《法華經》提到「纏與禪」，「我們這些凡夫就是被情纏繞住，要動中修靜，很難啊！」

法師曾告訴她：「只被一個人愛，太單薄了！要把愛擴大，去愛一群人……要當『知識婦』、『母婦』，照顧先生的身體健康，也照顧先生的慧命成長，不可以只是當『妹婦』，需要先生照顧、疼惜，使他無法放心投入志業。要做真正的菩薩道侶，福慧兩足尊。」

「我知道自己根基太差，上人講半天也沒聽懂。」想起過往，張蕙芬其實也不是沒盡力，「上人說，法沒有深淺大小，只要了解一句就夠用了，我想想也對，聽一遍聽不懂，聽一百遍總能懂。」

海外遊子，落葉歸根，或許是很多人的嚮往，在美國定居三十年的張濟舵，卻未曾有過如此盤算。無論是過去為事業或後來為志業，他已習慣當空中飛人在各地來來回回，但最後總是要回紐約的家。

靜躺二十多天的身體，慢慢再度恢復運轉，需要一點時間適應。只要身體狀況稍好些，張濟舵便穿上熨燙得筆挺的襯衫，抖擻起精神前往靜思精舍。「我是個閒不下來的人，就盡量跟隨精舍的作息，固定、規律、心無旁鶩。」

轉眼就到了歲末祝福，「上人要出門行腳，我的身體狀況雖然沒有很好，但有機會自然要跟著去隨師，每次出去都是一個月以上。」張濟舵把握因緣，也從旁學習法師對各種人事的應對。

「剛出院時，他的帶狀皰疹還沒痊癒，手臂大傷口包著繃帶，天氣熱，他回去精舍總是堅持服儀要整齊，坐也坐得挺挺的。」張蕙芬語帶心疼，卻不再抱怨。「以前我總跟上人說，我的法號是慈願，怨婦的『怨』。」

她抱怨先生總是將慈濟事擺第一，希望他早日卸下紐約分會執行長一職，「上人要我別吵，又給了我們努力的新目標，置辦會所、菩薩招生……他一一達成。那時我不明白，現在都告訴別人，『福田送給你，要歡喜接受』。」

「我萬萬沒想到他是在這種狀況下交接執行長，真的捨不得他這樣啊！」張蕙芬得知先生已向美國總會提出辭呈，扛了十五年的重任終於要交棒，卻沒有一點欣喜。

法師允許張濟舵辭掉紐約分會執行長一職，並建議他留在花蓮；慈濟慈善基金會執行長顏博文安排他擔任副執行長，消息還沒布達，他又送醫院了。那是一日夜裡，他突然腹痛難忍，張蕙芬請人協助送醫，「可把我嚇得要命，他心臟還有兩條血管是阻塞的。」

當時，張濟舵顧慮自己的身體，怕有負法師所託，一直推辭。「我很感恩上人給他的使命，他非常愛做慈濟事，也不需要什麼頭銜。但精舍師父跟我說：

『你跟濟舵講，上人需要他，請他乖乖聽話。』」

證嚴法師關注全球天災人禍，時刻傾聽來自各國慈濟人的關懷行動。長年投入國際賑災的張濟舵，每每聞知災難第一時間，就想自告奮勇前往，「但不敢自己提出來，怕造成別人困擾，雖然也想證明自己還是可以跑來跑去。」

身體調養了將近一年，二〇一八年六月下旬，張濟舵隨師行腳至雙北，全球志工幹部精進研習活動正在板橋和三重靜思堂進行圓緣分享。

菲律賓幾經風雨地動，志工快速投入賑災，是安定社會的一股力量，全球志工總督導黃思賢等人報告將前往菲律賓關懷。法師點頭後，突然轉問張濟舵：「去菲律賓要飛多久？」

「快的話，不用兩個鐘頭。」其實，張濟舵為了測試身體對艙壓的反應，已從花蓮搭過飛機到臺北。黃思賢向法師報告菲律賓行程時，也強調張濟舵的護照已更新，一切都準備就緒了。

他們期待法師的應允，卻一直沒有得到明確答覆。誰知那天半夜，張濟舵就突然不舒服，隔天清晨五、六點，便到臺北慈院掛急診，檢查得知是膽管阻塞。「他的心臟功能不好，開刀要麻醉，會有風險，最後決定用藥物治療，住院七天，後來就不痛了。」出院翌日，兩夫妻即跟隨法師南下，菲律賓自然也就沒去成了。

七月，聽聞寮國發生水力發電廠大壩潰堤意外，臺灣、泰國、馬來西亞慈濟志工將組勘災團前往，他心動卻不敢行動；九月，山竹颱風在菲律賓呂宋島造成災情，他訂好機票想去支援當地志工，也未獲法師同意。

又過了一年，二〇一九年十月，慈濟計畫在泰國設立全球合作發展事務辦公室。四年前，美國國務院提供經費委託慈濟，於曼谷展開國際難民義診計畫，每個月為五百至七百位難民，提供身體和心理等基本診療，並視情況採取以工代賑方式，協助部分難民生活。

由於滯留曼谷的難民愈來愈多，聯合國難民署希望進一步和慈濟簽訂合作備忘錄，法師指派張濟舵與美國慈濟志工一起前往曼谷，拜會聯合國難民署駐泰國代表朱塞佩・德・文森蒂斯（Giuseppe De Vincentiis），並評估辦公室的設置地點。

「約四個小時航程，來回三天。那是我做心導管手術出院後，首次搭飛機出國。」到目前為止，張濟舵除了這次的泰國行，就不曾再離開過臺灣。「我感覺自己的身體確實不如以往，有很多起起伏伏的問題，尤其在溫度變化時，不如以前那麼容易適應。」

雖然他也想過，若有機會再參與國際賑災，對自己的身體和心理都是很大的鼓舞，但也告訴自己，做慈濟不是非得跑來跑去才行，守本分地盡己所能也是一樣。

「每天睜開眼就看到山，每一天景象都不同；就像雲，每一時刻都在變化，也像人的心念，起起伏伏。」安住在花蓮，張濟舵感恩證嚴法師、精舍師父和慈濟法親們的慈悲照拂。

隨著日升月落，四年轉身即過，臨門一腳未踏出人間，張濟舵對法師常說的時間、空間、行蘊，似乎又有了不同的體會。「很多人體認到時間的殘酷與現實，但是否有在每個心念當中去把握？」

慈濟的源流是慈善，隨著流域擴及醫療、教育、人文、國際賑災、骨髓捐贈、社區志工、環境保護等，慈濟之河也愈見寬廣深遠。「上人希望人人做慈善。」揮別過去全球跑透透的日子，張濟舵開始和全臺志工接觸，加強慈善方案的推展。

慈善因應時代需求而改變，志工必須掌握社會脈動，例如高齡化社會，關懷老人的同時，對長照等社會資源也要有所了解。

「不同的地方，不同的志工，一樣都很精進，共事需要共識，本會就得負責協調與溝通。」張濟舵舉新冠疫情為例，慈濟與公部門合作進行弱勢家庭學童營養支持計畫，「有些資深志工對善款的使用很謹慎，認為若有別的機構提供，慈濟是否就不需要？」

行善方法不是一成不變，張濟舵傳達法師的提點，「救急要擴大關懷對象，條件不需要太嚴苛。善門打開，給予幫助，就跟在海外一樣，只要哪個地方有災難，除了即時，還需要關心，不是蜻蜓點水式的，才能將種子落下。」

二〇二一年，慈濟編列相關慈善經費中，有四分之三均為疾疫紓困用。在疫情嚴峻期間，送出醫療防疫物資兩百六十七萬多件，提供隔離者與經濟弱勢家庭，或是安心祝福包，或是安心生活箱、健康蔬果箱計一百六十七萬多件；於全臺設置二十五座篩檢站、提供三十三處慈濟據點作為疫苗施打站；與PaGamO線上教育平臺合作，啟動青年線上伴學趣活動，募集一千多位暑期需打工賺取生活費的大專生，針對三千多位弱勢家庭的孩童進行伴學。

「不管是以前和海外結緣，或是現在和全臺結緣，都是藉由事項體悟人生。」張濟舵認為，在臺灣有機會更深入了解每個人面臨的苦，和以前在海外只有災難時去接觸，有一樣也有不一樣。「花花草草都是法，一個無心的澆水，也許就長出不同的東西來。」

張濟舵接受了自己的體能和現況，也更認識了生命的渺小如螻蟻，「從何而來，從何而去，還在摸索當中學習，在花蓮，山川大地、宇宙天空，都可以讓人有很好的省思。」

「我很感恩他可以這樣自己跑來跑去，我都沒有陪。」這些年，張蕙芬在靜思精舍擔任接待志工，也幫忙清洗碗盤，「物有物的定位，扭一個抹布都要很乾，環環細節，都要做到最好。」

她還是會想家，想念美國的親友，想起以前一起去賑災的日子，但因緣如此，便好好安住學習，她笑道：「學到最多的就是轉念。」

カ

之所及

床邊教學

花蓮慈濟醫院二六西病房的討論室裡，四位大五的醫學生才剛陸續就座。排定九點開始的床邊教學，逾時將近一個小時，還不見負責授課的王志鴻出現。

「今天，王副是救心小組的值班醫師，一大早就被call去做緊急心導管……」醫學生們都有接到通知，或許這也是他們正在上的一堂課——臨床醫療中隨時可能拋出的變化球。

九點五十一分，討論室的門被打開，王志鴻的身影閃入，很快坐了下來，開始課程主題。前一刻，他穿著手術衣加上六公斤重的鉛衣、搶救病人於危急中的緊張節奏，似是一閃而過的電影畫面，不復存在於現實中。

他目光和煦地望著醫學生，開宗明義點出到心臟科的學習重點，「最常見的疾病是什麼？當疾病發生時，可能會有全身性的影響，未來當你們成為很好的眼科醫師、很好的耳鼻喉科醫師、很好的皮膚科醫師……都有機會面臨這些既存的共病，這對你的治療相互之間是否有影響？治療過程中，是否會產生不好的預後或結果？」

空間不大的討論室裡，王志鴻切中要點的話語帶著幾分期許，年復一年帶領醫學生、實習醫師、住院醫師，他不難想見假以時日，這些青春稚氣的臉龐，將成為病人最堅實的依靠。

一九八六年花蓮慈濟醫院啟業後，缺醫缺護是即刻面臨的現實問題，與臺大醫院建教合作，只能解決燃眉之急。為長遠發展計，建校興學培育醫護人員，才有辦法因應未來的人力需求。

王志鴻是在慈院啟業第五年（一九九一年）來到花蓮，「當時慈院正處於第一個快速發展期，除了心臟內科外，各科都有完整的團隊陣容。」

到職後三、四年，心臟內科就只有他一位專任主治醫師，整個花東地區也只有他專長於心導管的檢查與治療。「我任職不到兩年，心導管室就成立了。」他很珍惜慈院為病人不惜斥資五千萬添購設備，讓他的專長有了發揮的舞臺，也知道唯有盡快為心臟內科建立一個團隊，才能使醫院有更好的救護條件。

比起位於大都會的醫院，偏鄉要吸引醫師留任，更多是來自於個人的奉獻，與對守護偏鄉醫療的任勞任怨。

畢業於中國醫藥大學西醫學系的謝仁哲，一九九七年到花蓮慈院擔任心臟內科主治醫師，主攻心律不整。

在心導管成立十五周年慶、介紹團隊成員時，王志鴻打趣地說，「學弟原本在臺北馬偕醫院心臟內科擔任總醫師，只因媽媽是花蓮人，他的國中生活是在花蓮度過，很是懷念，傻頭傻腦就跑來了，而且一待至今。」

心臟內科需做心導管的病人，主要為兩大類疾病，一是冠狀動脈問題，一是心律不整問題。王志鴻主攻冠狀動脈的介入性治療，他語帶頑皮地表示，「因為心律不整很麻煩（指問題很複雜且處理費時），我的時間已經完全被占滿了，謝醫師有耐心，所以請他來做。」

美國醫界心電生理權威黃水坤，是謝仁哲的舅舅，也是慈院心臟內科顧問，他「用幅射波頻能量，經由心導管燒灼心律不整病症」的研究心得，曾獲得吳三連獎醫學獎的肯定。因此，王志鴻希望謝仁哲除了學習心導管治療，也能取得電生理燒灼術的專長。

二〇〇一年三月，在黃水坤教授的指導下，謝仁哲完成花東第一例心臟電生理檢查及燒灼術。自此，需要手術的心律不整病人，不用再轉診到北部醫院，王志鴻放心地交給謝仁哲負責。

花蓮慈院成立心導管室後，也一步步朝向「心臟內科專科訓練醫院」發展。王志鴻的另一名學弟陳炳臣，就是花蓮慈院於一九九九年訓練出來的第一位心臟內科醫師。大林慈院啟業後，他是首批前往服務的醫護人員，隨著斗六慈院開始營運，又一星期撥出三天前往看診，嘉惠偏鄉民眾。

一九九九年初夏，還有八位臺大畢業的醫學生，在黃彥達的號召下，一起到花蓮慈院擔任住院醫師，後來朝心臟內科發展的就有兩位——朱新凱和吳孟修，而朱新凱不僅長期留在花蓮慈院，更因應關山慈院的需要，十幾年來固定前往看診。

「我這條命，是朱醫師救回來的！」住在屏東東港的張女士，到臺東池上拜訪親戚期間，因身體不適到關山慈院掛急診，確認是心肌梗塞後，緊急送往花蓮慈院，由朱新凱做心導管救回一命。

朱新凱是馬來西亞華人，會說流利的閩南語，很受年長病患的喜愛。張女士捨近求遠，每三個月從屏東到關山回診，甚至介紹親友一起來，就是對醫師的一分信賴。

花蓮慈院具備訓練心臟內科專科醫師資格後，住院醫師的招募仍是十分不易。目前擔任花蓮慈院心臟內科科主任，兼住院醫師訓練計畫主持人陳郁志，想起初來花蓮那段被爭相需要的日子，就全身充滿了幹勁。

「我是一九九七年進入花蓮慈院，第一年是不分科住院醫師訓練，到每一科都很受歡迎，尤其是人力短缺的科，主治醫師非常辛苦，有人可以幫忙，多少輕鬆一些。」

二〇〇一年，慈院終於迎來第一屆畢業的慈大醫學生，第二屆畢業的蔡文欽則是首位留任心臟內科，從此住院醫師的招募雖不能說源源不絕，但總算可以細水長流了。

現任大林慈院心臟內科心功能室主任李易達，是慈大第三屆畢業的醫學生，雖然只有住院醫師前三年在花蓮受訓，直接受教於王志鴻的機會不多，但老師以身示教的醫者風範，對當時想走心臟內科的他，留下深遠影響。

「王副似乎永遠有用不完的精力，為了照顧病人，一天可做十幾、二十檯心導管檢查或治療，站立時數驚人；空檔時間，他也不捨得休息，寧可去病房和加護病房探看病人。」

「我知道你們都喜歡有確鑿檢驗數據可以做診斷的病人，但是醫學上很多是界限性和混合性的病症，步入臨床要學習的就是把病人的主述轉換成症狀學上的主述，再從主述去建立問題，用實證醫學的觀點來證實……」

二六西病房討論室中，王志鴻繼續結合臨床案例提醒醫學生，要將病人的主述變成很重要的醫學問題。「病人的主述是喘、運動耐量不好，就要想到心臟衰竭、紅血球攜帶氧氣問題，是心因性喘或病因性喘……」

醫學知識博大精深，王志鴻三、四十年的經驗累積，很難在兩個小時內傾囊相授，而接下來的病房巡診、醫病間的互動，醫學生們更只能用心觀察與體會。

「醫學生就像是我們的人才庫，從分類中，可以了解他們的自我學習能力，包括本身的知識、語文能力、探討事物的精神和驅動力。」一年五十二週，每兩週就有不同的醫學生來實習，王志鴻並非即興地分享，而是有固定的教學主題。

他幾乎每兩個星期就講一遍同樣的話，那是希望在這兩週內讓醫學生們學習到的重點，所以主題都差不多。「對我來說，這是很無趣的事，同樣的東西一直在重複。」

而讓王志鴻有所期待的還是醫學生，「希望看到學生真的學到一些東西，在過程中引發他當臨床醫師的興趣，幫他把怎麼看病人這個竅門打開。」他也承認自己有私心，希望因此吸引優秀的醫學生到科內當臨床醫師。

隨順因緣

印順導師在《平凡的一生》中，「靜靜地回憶自己，觀察自己……有些是當時發覺，有些是事後發現，自己的一切，都在無限複雜的因緣中推移。因緣，是那樣的真實，那樣的不可思議！有些特殊因緣，一直到現在，還只能說因緣不可思議。」

說起因緣，王志鴻是因為花東地區缺乏會做心導管的心臟內科醫師，而加入慈院醫療團隊；又因為急性心血管阻塞病人不能拖延，心導管室成立後，他幾乎都守在花蓮；又因為體貼病人的需要，從花蓮到玉里到關山到臺北，他周而復始地在四地看診。

一心撲在工作上的他，如何適應這樣緊張忙碌的生活？「做重急症的醫師大部分都很隨緣，我一上手術檯就精神很好，下了檯才變成一條蟲。即使手術到凌晨三點多，我一回家倒頭就能睡，週六沒事可以睡到下午才起床，也可以下午睡到隔天早上才醒。」

而花蓮慈院心臟內科其他醫師，無論是外地前來或是慈大畢業生，能共聚一起為病人服務，也是自有因緣。

出生於臺北的陳郁志，回想自己高中到美國念書、大學到英國學醫，最後回到臺灣，留在花蓮行醫的因緣，其實是有所追尋、也有所順應。

「在英國皇家倫敦醫院（Royal London Hospital）實習期間，同學帶我去參加慈濟舉辦的野餐會，除了有讓人懷念的臺灣炒米粉等美食，印象深刻的還有志工們的友善、向受助者道感恩的行善理念。」溫馨愉快的聚會結束後，陳郁志就投入忙碌的實習醫師生活，沒空再去了。

畢業前一年，學校開放臨床實習的區域，可以選擇到美國、加拿大，甚至是臺灣。陳郁志內心著實經歷一番交戰，「人有抉擇的兩難，朋友都在美國，家人都在臺灣，不知該回自己的家鄉，還是留在英國或美國，便想利用實習機會，先了解臺灣的醫療環境。」

英國的醫療制度是屬於公醫制，診療和藥品都是免費。但病人看診必須先找家庭醫師，若有需要，才會轉診給專科醫師。因此，英國有七到八成以上的醫學生選擇當家庭醫師，陳郁志也不例外。

「回到臺灣，在臺大醫院跟診時，遇到家醫科的李燕鳴醫師，她知道我快畢業了，要去哪個醫院還不確定，就建議我可以試試花蓮的慈濟醫院。」雖然家就在臺北，陳郁志卻懷念加州海邊的星空，「我不喜歡大都市，可能是因為繁華的環境和空氣吧！」

後來，在家準備考美國和臺灣醫師執照時，他無意間看到有線電視臺出現花蓮慈院徵求住院醫師的廣告，便快速抄下號碼，打電話過去詢問，對方一接起話筒就說「阿彌陀佛」，還告訴他有興趣可以邀父母一起來了解。

「爸媽一向尊重我們，我告知他們一聲，就自己跑到花蓮面試了。」陳郁志穿西裝打領帶走出花蓮火車站，看見廣大的藍天張開雙臂迎接他，上了計程車後，司機得知他要到慈院面試，也不免好奇地問：「為什麼要來慈濟？」

當時慈濟只是區域教學醫院，陳郁志進一步了解後，才知道東部極缺乏住院醫師。「院方請我盡快開始上班，投入第一線工作。接下來，我開始了最懷念且充實的五年住院醫師訓練。」

不同於陳郁志從小留學生到學醫返臺，蔡文欽則是出生於臺南鄉下的普通家庭。父母從做工轉為務農，收入雖然不穩定，但為了讓孩子獲得更好的教育資源，仍是省吃儉用供應他念私立國、高中；而他也不枉父母的苦心栽培，大學志願選填了醫學系，考上才剛成立一年的慈濟醫學院。

從臺南到花蓮，無論是北上到臺中走中橫公路，或是更往北從北宜公路行經九彎十八拐，或是南下走南橫公路，都是一條迢迢遠道。

「得知要到花蓮念書，媽媽不捨我一個人提著行李要跑那麼遠，就決定陪爸爸開車送我來學校報到。」那是一九九五年，前一年南橫公路才全面加封瀝青混凝土路面，蔡文欽還記得，「路不是很好走，開了很久才到花蓮。」

「我是一個到哪裡都可以安定下來的人。」蔡文欽想起當時學校只有三個科系——醫學系、公共衛生系、醫事技術學系，兩屆學生才兩百多人，又分組組成懿德家族，平均六個學生有一位爸爸、兩位媽媽。

他和同學張芳綾抽到同一組懿德家族，互動的頻率一多，就被這個開朗愛笑的女孩吸引住了。於是，兩人開始交往。一個循規蹈矩、個性謹慎，一個熱心積極、行動力強，個性互補，也相互提攜。

為了獲得學校提供的獎學金——書卷獎，他除了努力用功讀書，也花了一些時間兼家教。「面對繁重的醫學系課程，也曾有過臨陣脫逃、一走了之的念頭。」大三那年，甚至沉迷於電腦遊戲，功課一落千丈。

「學醫，讓我接觸到生命價值所在，認真去思考生命的意義；而大體解剖學的實驗課程，是一個重要關鍵。」蔡文欽和張芳綾在大三的大體解剖課中，分配到同一組大體老師，一起去拜訪家屬，了解老師的生平。「依照華人傳統習俗，捐贈遺體是件很荒謬的事。人們總希望能入土為安，完整無損地保留遺體，能夠發願死後捐贈大體者，在觀念上可說是了不起的跨越。」

醫學院七年朝夕相處，畢業後，他和張芳綾便一起留在慈院擔任住院醫師，交往第十年，兩人結婚，定居在花蓮，如今已育有兩個孩子。

「人生，只是因緣……因緣決定了一切。因緣有被動性、主動性。被動性的是機緣，是巧合，是難可思議的奇蹟。主動性的是把握、是促發、是開創。」印順導師對人生因緣的感觸，道盡世人的許許多多曾經。

話說，花蓮慈院家庭醫學科李燕鳴醫師原是在臺大醫院任職，一九九二年拿到臺大公衛系預防醫學碩士學位後，便追隨年輕熱血同事們的腳步，到花蓮慈院一起打拚，當時她還保留每週一天的臺大門診，也因此和來自英國的陳郁志相遇。這是機緣也是巧合。

「在有價值的地方當醫師」，則是陳郁志的本心，本心引導他把握機緣去面試、去了解，也不計較薪酬，只想往最需要的地方、最被認可的地方去。這是他的積極與主動。

進入慈院後的分科訓練，陳郁志還是秉持初衷選擇家醫科。家醫科的住院醫師訓練計畫，也包含到內、外、婦、兒等不同科別輪訓。「到內科訓練大概三個月，整個內科只有兩位住院醫師，其中一位就是我，人手真的很不足，我就盡量多支援。後來，到小兒科加護病房，他們希望我可以留在那邊；婦產科、急診科，也希望我可以過去……各科都很需要住院醫師。」

他還記得要到醫院上班前，爸爸語重心常地說：「第一份工作要努力，不要讓人覺得你不夠認真，交代的工作要負責任、盡力做好，只要認真就能找到自己的價值。」

在能找到自我價值的地方當醫師，一直是他的心願，「來到花東行醫，被需要的感覺，就像魚回到了水裡。」

在內科值班時，陳郁志認識了心臟內科主治醫師王志鴻。「心臟病患一送到急診室，除了做急救處理，也要趕緊會診心臟內科醫師，我就跟著去學習。」

「幾次下來，我發現心臟內科不僅學問深奧，也非常具有挑戰性，需要一個很負責任的醫師，就像王副這樣子，即使不是他值班，還是會以最快的速度來處理病人。」陳郁志看到了戲劇性的變化，本來要進鬼門關的病人，因為醫師的知識、能力加上負責任的態度，就有機會把病人搶救回來。

於是，陳郁志又從內科總醫師轉任心臟內科總醫師，「心臟內科有外科的技術面、也要參與急救，站在第一線處理，感覺很有power，有點像上戰場，需要臨場反應。」

回首再看這一切，陳郁志覺得自己是「隨著生命的河流走，順著自己的本性，就到了心臟內科，到了王副這邊。」

「第一屆學長姊留在慈院的不少，我也想跟著留下來試看看，一開始就設定走大內科。」三年扎實的住院醫師訓練後，蔡文欽想選擇的次專科是心臟內科或血液腫瘤科。

「我比較喜歡有立竿見影效果的，但又不想走外科，心臟內科的病人一旦危急，做了治療就會有很大回饋；血液腫瘤科是因為有機會做骨髓移植，可以看到病人因此而有一線生機。」

蔡文欽選擇心臟內科，陳郁志是影響他的重要因素，「實習時就曾和學長接觸，跟著他學習到很多東西，他就像一個榜樣、一盞明燈。後來，他去了心臟內科，也提供我很多幫助，我是慈大畢業生第一個留在慈院心臟內科的。」

一起共事

「每一個帶過的住院醫師，我都會和他們單獨會談，不問他們為什麼要來心臟內科，而是問他們想要學什麼？」

住院醫師最後兩年次專科訓練完成，不管是要在科內升主治醫師，或選擇離開到外院，王志鴻都會盡量將臨床常見的病例，在最後這半年傾囊相授，「就像徒弟要下山了，師父要讓他們有三步七仔（本事）可以行走江湖。」

留下來的，他會請他們觀察，「科內分哪些領域？哪個醫師在哪個領域做得最好？還有哪個領域沒有佼佼者？你想要在花蓮慈院當什麼樣的心臟內科醫師？這是非常重要的。」

「升上主治醫師三年、五年、十年後，一定要在心臟內科領域有一樣專長，讓科裡其他醫師有需要你的地方，簡單講也就是具備核心技術和核心專長，有不可取代性，才會覺得自己有存在的價值，也才能做得長久。」

心臟內科除了分介入性治療和電生理學兩大領域，電生理學又可以細分為電氣燒灼手術、冷凍氣囊消融術、心律調節器、左心耳封堵器等，王志鴻提醒他們，「一定要選擇一項技術去學習，且自認將來可以比科內醫師做得更好，院方會盡量提供國內外學習的機會。」

為了培養團隊人才，王志鴻會視個人能力引導他們在科內某領域做發展，「三、五秒鐘，甚至是三、五分鐘，就要決定危急的心臟病人做什麼治療最好，有些醫師是天生沒辦法做這樣的決定，我就會輔導他們去做需要仔細思考的技術，並將屬於該領域的病人轉介給他們。」

轉介病人影響的不僅是收入，也涉及醫病之間的信任，王志鴻情願拋開私心，讓科內的主治醫師都有機會建立專長和信心，並扛下監督的責任，確保病人的利益。

網路時代，訊息透明化，「我們常聽到病人說，不要去找某某教授做手術，他都是給學生做，我有自信很少聽到病人這麼說我。」王志鴻坦率地說，作為一個在教學醫院服務的醫師，第一對收入不能要求太高，第二有些事會被限制不能做，第三對工作環境和角色扮演要有相對的回饋。

啟發不同面向的價值觀，會影響一個人的取捨，王志鴻認為，醫師們都很聰明，學習的技術成熟了，離開也無可厚非，而他只能努力讓中生代的醫師們得到回饋，且這些回饋必須是在他的認知裡是有價值的。

「在臺灣介入性心導管領域，王副的治療經驗是數一數二的。」追隨王志鴻做心導管二十多年，陳郁志不可否認地表示，「心導管算是高技術門檻，訓練至少要十年以上，比較像傳統學徒制，傳承不太容易。」

傳統學徒制，學生是透過觀察、實作練習、反思及師傅的教導等方式，進行學習。「做心導管時，我們就是跟在旁邊看，王副站八個小時，我們也要站八個小時，不能打瞌睡，要專注，尤其要去揣摩、觀察他的手和技巧。」

和王志鴻一同搶救病人心跳的過程，是陳郁志接受心臟科研究員訓練時最有成就感的一段時光。「我們常相互了解並討論對方介入性治療的策略，也一次又一次看到王副的韌性、完全投入工作時的認真態度，讓我從來不敢在他面前喊一聲累。」

「美國的心導管室一天只做三、四檯，我和王副曾經一天做十九檯心導管，量大就熟能生巧，靠這樣訓練。」早期醫護人力吃緊，除了住院醫師的值班，救心小組也要輪值，陳郁志和王志鴻常常連續二十四小時不眠不休照護病患。

救心小組值班，是二十四小時隨時 on call，陳郁志指出，「只要病人送來，我們就做。後來，輪值的人力充足了，王副還是維持一個月值幾天班，一直到現在都這樣。」

「雖然很累，但學得很多，也深刻體會花蓮醫療資源的貧瘠。早年整個東部地區，只有慈濟有醫師和設備可以做緊急心導管，很難想像如果慈濟也不能，病人該怎麼辦？」

「儘管半夜三更被 call 也蠻無助的，但喜歡一件事就不怕辛苦，會想趕快去處理。」想起每次在心導管室看見王志鴻，總是一副精神奕奕的模樣，陳郁志忍不住透露，「王副說如果可以的話，他想做心導管到八十歲。」

「以前在國外跟診醫學教授，一個診看十個以上的病人就很多了，王副卻常看到百號以上。」儘管感嘆臺灣的醫療制度，常使次專科無法專注於次專科的診療，但陳郁志對於王志鴻的體能還是相當佩服，「這可能跟他年輕的時候愛踢足球有關。」

想起剛來慈院時，他常見王志鴻在更衣室抽菸，「但很快就聽說王副戒菸也不釣魚了，他是一個做事很堅持、個性很獨立的人，在慈濟為了上人，卻什麼都肯放棄。」

堅持是一種信念，王志鴻常告訴學生們，一件小事只要能堅持就會成功。

「在處理病人的問題上，王副就是一個非常堅持的人，幾乎是永不放棄。」陳郁志強調，這也是他至今還一直努力學習的。

「Michael（陳郁志的英文名）學長教我們很多知識，我從實習階段就開始和他接觸，跟著他學到很多東西，很多問題直接問他，他都會不厭其煩地回答。」蔡文欽表示，當初選擇到心臟內科，就是因為陳郁志在學習方面提供他很大的幫助。

雖然如此，但他並不打算朝介入性治療發展，反而很早就決定學習治療心律不整方面的問題，也就是電生理學。「臺灣心律不整的前輩駱惠銘教授當時受聘來花蓮慈院，我當住院醫師時，常去找他學讀心電圖，開始有了接觸，慢慢就感興趣。」

心臟電生理暨介入治療專科醫師的申請資格之一，是接受完整一年的心電生理及心電燒灼術訓練。

二〇〇八年蔡文欽升任主治醫師後，王志鴻便推薦他前往臺北榮總，向國際心律不整治療權威陳適安團隊學習最新的電氣燒灼術，為引進高科技三度空間（3D）立體定位系統做準備。

「完整一年，指的是每週三天以上。我去了一年五個月，除了週五在花蓮慈院看門診，週一到週四都在榮總做臨床學習，指導老師也安排我到國防醫學院、三軍總醫院做基礎實驗。」

學習結束，蔡文欽回到花蓮後，又到慈濟大學醫學科學研究所攻讀博士班，將基礎實驗繼續做下去。「那段時間，也去玉里慈院支援了半年，固定搭週一早上六點多的火車去玉里；週二也是搭早上六點多的火車到臺北，和老師討論、看實驗結果。」

二〇〇九年四月，花蓮慈院心臟內科成立第二心導管室；八月，購入3D立體定位系統。

長年在慈院做志工的魏女士，就是蔡文欽以「三度空間心律不整脈定位術」治療下，病情才獲得明顯改善。

魏女士是在二〇〇六年發病，因為經常在志工早會中聽聞醫療案例分享，所以當她感覺到心臟會喘、不舒服，就很有警覺性地到心臟內科掛號。王志鴻告訴她這是初期的心律不整，可以先用藥物治療看看。

剛開始，她每天吃一顆抗心律不整的藥，就可以控制住病情；後來，「怦！怦！怦！」的快速心跳聲又出現了，王志鴻建議她做電氣燒灼術，否則就只能加重用藥，並將她轉介給專治心律不整的謝仁哲。

「謝醫師很有耐心地跟我做說明，還提醒症狀發作時，若吃一顆藥無效，就吃兩顆，但一天不能吃超過三顆。」到了二〇〇九年十一月，魏女士吃三顆藥還是無法改善，謝仁哲便建議她做電氣燒灼術，並告知慈院剛引進最新的術式，可轉診給受過專門訓練的蔡文欽治療。

「以往的電氣燒灼術依靠X光判讀較為抽象，施作複雜術式相對困難。」蔡文欽解釋，在3D立體定位系統導引下，影像由平面進步成立體，不但可以完整看出整顆心臟，也能將引起心房顫動不同的放電點定位得更清楚，施行電氣燒灼術可以更細膩，成功率也相對提高。

二〇一四年蔡文欽博士班一畢業，即在美國印第安納大學（Indiana University）醫學院克蘭納特（Krannert）心臟學研究所陳鵬生教授的推薦下，申請到亞太心律醫學會提供的獎學金，赴美三年擔任博士後研究員，學習最新的心律不整研究技術。

二〇一七年蔡文欽學成歸國，花蓮慈院已編列購買冷凍消融儀的預算。「我滿訝異的，雖然這是未來的趨勢，但在臺灣算是很早引進這套設備的醫院，後來才知道是黃水坤教授提出的。」

「我回來不久，冷凍消融儀設備就來了。」蔡文欽表示，廠商聘請有豐富導管消融治療心律失常經驗的美國鳳凰城班納大學醫學中心（Banner-University Medical Center）電生理主任蘇偉伯（Dr. Wilber Su）前來指導。「我和謝仁哲、張懷仁醫師分別為三位心房顫動的病人，進行心房肺靜脈冷凍氣囊消融術。」

二〇二〇年，一位來自臺北的女士在友人介紹下，到花蓮慈院掛了蔡文欽的門診。她在臺北的醫學中心看診，醫師建議做電燒，但她聽說電燒會不舒服，心裡就很害怕。

「她的病情做電燒和冷凍都可以，結果不會差太多。」蔡文欽將兩種治療方式詳細解釋給病人聽，「以往的電氣燒灼方式，是把組織燙傷壞死，容易讓病人感到不舒服，手術過程大概都要四個小時；冷凍氣囊消融術是在肺靜脈與心房的交界點，用冷凍低溫的手法畫出阻絕線，將肺靜脈內不正常的傳導線路截斷，只要一到兩小時，且有將近百分之八十的人可以治癒。」

而傳統的電氣燒灼術已列入健保給付，冷凍氣囊消融術則採自付差額納入健保給付，也就是健保給付約七萬多元，但個人還需自行負擔十多萬元。蔡文欽表示：「這也是必須提醒病人的，讓病人自己做選擇。」

年近七十的方女士，深受心房顫動之苦已二十多年，為了降低中風的風險，她長期服用抗凝血藥物。然而，服用抗凝血劑最怕受傷時血流不止，方女士就曾因跌倒撞到頭，三個月後才發現頭痛竟是顱內瘀血造成。

有次，方女士擅自停用抗凝血劑，還引發心肌梗塞，所幸搶救得宜，沒有留下後遺症。因為膽結石伴隨膽囊炎，醫師建議她將膽囊切除，術後若繼續服用抗凝血劑，則會影響傷口癒合。

蔡文欽解釋，心房顫動的危險在於會使血栓在心臟中形成，約有八、九成的血塊都形成於如指尖般大的左心耳這部位，血塊若隨血液流入腦中，就會阻塞腦血管導致腦動脈栓塞（中風）。

二〇一八年，蔡文欽告知方女士可以進行左心耳封堵心導管手術時，她不僅沒有對醫療失去信心，還願意成為慈院做這項手術的第一位病人。

「我們會從患者大腿內側的股靜脈伸入導管，把封堵器從右心房送至左心房，再植入左心耳。」蔡文欽簡單地說明，封堵器其實就像一把降落傘，堵塞進左心耳入口，降落傘張開後會與心臟肌肉相連，形成自然屏障，避免血液停留阻滯於左心耳，就能有效降低心房顫動引起中風的風險，成功率高達九成以上。

方女士接受左心耳封堵心導管手術後，不僅解決了心頭患，脫離再度中風的恐懼，甚至可以放心出遠門。

當然，醫療永遠不會是完美的，蔡文欽也不諱言在手術中發生的狀況，「她是王副轉給我的病人，也是放左心耳封堵器，手術過程都沒有異樣，卻在最後拔除導管時，血流不止。」

由於傷口很大，止血用砂袋加壓止不住，只能徒手壓，蔡文欽壓了兩、三個小時後，陳郁志、王志鴻也來幫忙壓，壓了四、五個小時，才總算止住血。

對蔡文欽而言，王志鴻是他的老師。「但就算他已經是老師了，還是會去做這些基本的事，不會說那很簡單，留給你們處理就好了。」

王志鴻常向病友推薦蔡文欽是「我們花蓮培養出來的優秀孩子」。蔡文欽回想過去和現在，「受訓時，王副的態度還是很嚴厲，但當我們可以獨當一面做治療時，對於個人專精的領域，他也會經常詢問意見，尊重且接受我們的專業建議。總之，他是一位心胸開闊、努力培植後輩的好老師。」

在王志鴻的帶領下，花蓮慈院心臟內科團隊不斷往前邁進，陳郁志更堅定了留在花蓮打拚的決心。對王志鴻來說，陳郁志的到來像是「撿到了一樣」；對陳郁志而言，王志鴻是他學醫路上的貴人，是老師、是朋友，也是醫院這個利益人群的道場裡，一起發揮救人良能的師兄弟。

經驗傳承

醫療科技日新月異，介入性治療的進展尤其迅速。

「心導管技術是一門傳統醫學，經過不斷地鑽研改進，時常會有新的進展，能處在這個領域中，我感到非常幸運。」王志鴻認為，不僅要尊重、汲取前輩的經驗，也要懂得研發與傳承。

心導管檢查術從最早經血管切開後置入導管進行操作，進展為由鼠蹊部的股動脈直接穿刺置入導管進行操作，傷口需先用手直接加壓，再用砂袋止血六小時以上，患者必須維持平躺姿勢，不僅難受且併發症多。一九九二年，荷蘭籍醫師費迪南德・基梅內伊（Ferdinand Kiemeneij）嘗試從手腕的橈動脈進行血管成形術和支架置入術。

兩年後，高雄長庚醫院吳炯仁醫師和他的老師洪瑞松教授，前往法國土魯斯參加歐洲經皮心血管介入協會會議（European Association of Percutaneous Cardiovascular Interventions，簡稱EuroPCR），透過實況轉播，親眼目睹了費迪南德這項手術，回臺即開始挑戰這種低侵入性的治療法。

「我進心臟內科擔任總醫師時，王副交代說，要去高雄長庚向他的大師兄吳炯仁學習橈動脈心導管術、血管內超音波、冠狀動脈鑽石旋磨術。」慈院雖然位處臺灣後山，陳郁志感受到王志鴻跟緊國際醫療腳步的決心。

「他只要看到什麼新的技術就會帶我們去學。王副的經驗豐富，學東西很快，回來花蓮後，就說：『麥可，我們也來做。』大概一、兩年吧！我們就都從手部橈動脈做這些術式。」

十幾年前，王志鴻開始在臺灣介入性心臟血管醫學會舉辦的國際研討會中進行「鑽石旋磨術」示範教學，與世界各地的心臟專家進行交流。之後，幾乎每年受邀到中國進行學術訪問，為很多當地心臟中心建立冠狀動脈旋磨治療模式，同時分享慈濟的醫療服務理念，以及先進的心導管診療技術和臨床教學方法。

「王副的鑽石旋磨技術，在臺灣醫界算是排前幾名的。」陳郁志和王志鴻共同搶救過許多病患，他印象最深刻的是五十三歲的飛行傘好手陳金元。

那是在二〇〇八年，陳金元被送到花蓮慈院前，陳郁志已接到通知趕往急診室。「他剛到院時，看起來還好，但表示會心悶胸痛，急診學妹便先做心電圖，才講完話，病人就倒下去、猝死，大家趕快做急救，但壓了三十分鐘，心跳還是沒有回來。」

通常，進行心肺復甦術（CPR）三十分鐘無效，就被認定是「無效醫療」，醫師可以做停止急救的決定。「本來他們要放棄了，但我發現壓下去的時候，病人的眼睛有動一下、手握了一下。」

「壓的時候，心臟的血流會到腦部，會動表示還有機會，CPR壓得夠好，就不會腦死。只要把心臟的血管打通，就有機會救回來。」但陳郁志也很清楚，沒有什麼神藥，可以讓器官缺氧太久而不受損，曾經就有病人家屬指責他，「你們把我先生救回來，卻沒有告訴我，他會變成植物人。」

看到病人還那麼年輕，陳郁志真的感到不捨，「這需要判斷，臨場經驗很重要，因為覺得這個急救品質夠好，是有機會的，所以我們決定再拚一次，幫他注射強心針，結果心跳真的回來了。」

看著醫護人員推著病床，一路從急診室衝到心導管室，護理師還在推床上持續進行CPR，陳金元的太太滿心感動，「看到醫師這麼努力，跟我以前想像的真的是不一樣，他們好像就是一定要把他救起來。」

外科醫師順利置入葉克膜後，陳郁志開始接手做心導管，「他的三條血管幾乎是百分之百塞住，我先幫他打通了一條，另外兩條鈣化得很嚴重，我請王副一起來幫忙。」

「我們大概做了三個鐘頭，才把三條血管全部打通、順利放入支架。」陳郁志表示，病人的血管太硬、塞得太厲害了，「我去演講時常說，花蓮最有名的是產大理石、花崗石，許多花蓮病患的血管內壁硬得就像花崗石，幸好花蓮慈院能提供高科技鑽石旋磨設備，加上王副和心導管團隊同仁的通力合作，才能把他們救回來。」

「謝謝您們當初那麼拚命地把我救活，讓我又能翱翔天際！」再次參加國際飛行傘大賽的陳金元強忍著淚水，哽咽地向救心團隊說出心中的感恩。

二〇〇九年二月，王志鴻受邀前往中國山東濟寧醫學院附屬醫院交流，三天的短暫行程，院方安排他會診二十多位心臟病患、示範十五例高難度的冠心病導管介入手術。

《人醫心傳》的同仁吳宛霖在當時做了詳盡的報導——

「王副院長一進病房就先打招呼，每位病人都親自用手將他們自床上攙扶起來檢查病情，檢查結束再扶著病人躺下，然後詳細問診，這樣簡單而習慣的動作，卻讓濟寧醫院的醫師們相當感動。

「為了第二天的示範手術，結束查房之後，王副院長繼續到導管室閱讀病人的攝影圖片資料，並與濟寧醫院的醫師群討論病例、聽取病情匯報，同時對一些病人可能發生的其他問題，做了推斷以及嚴密的治療方案，當天持續忙碌至深夜十一點才結束。」

「濟寧醫院隨行採訪報導者稱讚，『王教授嚴謹的工作態度，規範的診療行為，豐富的基礎知識與臨床經驗，對每一位病人病情的分析講解，都是一節精彩的臨床教學課，使在場的每一位工作人員受益匪淺。』」

第二天的心導管手術，王志鴻把握時間，一早七點三十分就準時開始。手術中途，濟寧醫院心臟內科又送進一位急性心肌梗塞併休克患者，且命在旦夕，面對這突如其來的狀況，醫療團隊該如何因應？

這場意外正突顯出醫者的臨危不亂，剛完成一檯手術的王志鴻，馬上決定為這位病人的左主幹冠狀動脈置入支架，二十多分鐘即開通狹窄的血管，成功挽回一命。緊接著，又繼續進行另一檯手術。

十二個小時內，除去短暫的用餐時間，王志鴻幾乎是沒有休息地完成了三檯冠狀動脈慢性阻塞病變、兩檯左主幹冠狀動脈病變、多檯冠狀動脈分叉病變手術，以及為一位瓣膜閉鎖不全且有低血壓病史的患者，進行冠狀動脈攝影檢查，合計十五檯複雜的冠心病介入手術。

行程結束後，濟寧醫院聘請王志鴻擔任客座教授，希望增進日後交流的機會，「當時山東人口已近一億，濟寧醫院又是山東第二大醫院，實施心導管手術的人數遠遠超過花蓮慈院。」王志鴻很有信心地表示，雖然手術的「數量」比不上人家，但「質量」是可以用心超越的。

由於對複雜性冠狀動脈介入性治療經驗豐富，臺灣介入性心臟血管醫學會邀請王志鴻與他的心導管團隊，在國際研討會中示範心導管手術教學，並透過網路直播到中國地區。

二〇一八年七月，在臺北振興醫院舉辦的「鈣世無雙」國際研討會上，王志鴻、陳郁志、朱新凱等所帶領的花蓮慈院心導管室團隊，即示範了兩例困難度極高的冠狀動脈高速鑽頭研磨術。

這兩位男性患者的年紀分別在六十歲上下，一個是四年前、一個是十六年前做過冠狀動脈繞道手術，因為又出現胸悶、易喘等症狀，檢查後發現心血管再度鈣化與阻塞，情況都十分嚴重。

陳郁志解釋，通常做第二次冠狀動脈繞道手術的風險會比第一次高，而對於複雜性冠狀動脈血管完全阻塞、狹窄嚴重鈣化的多重血管阻塞疾病患者，又無法以氣球擴張術撐開血管置放支架，只能透過高速鑽頭研磨術。

手術過程中，王志鴻操作鋼絲的手感與純熟度被一覽無遺。心導管室內，醫師們熱烈地討論術式，透過連線，日本及中國專家也共同目睹，每一檯示範手術都受到許多好評。

「鑽石旋磨導管是以每分鐘十二萬到二十二萬轉的高轉速，把這些磨成像血球的粉末讓血液帶走，血管才能變軟，才有辦法放支架。」王志鴻慶幸花蓮慈院在臺灣算是很早做這樣術式的醫院，治療成功率可達九成五以上。

「臺灣第一個做鑽石旋磨的是我的老師陳淮，一九九〇年國泰醫院引進設備，我就跟在老師旁邊學。」後來，切割氣球導管、震波碎石導管、雷射導管氣化等將斑塊拔除的技術接連出來，已在花蓮慈院的王志鴻就想辦法去學習，並開展這些治療。

「目前使用最多的是鑽石旋磨，嚴重鈣化的病人往往需要此技術，才能獲得成功的冠狀動脈介入治療。」王志鴻表示，鑽石旋磨技術雖然三十年前就有，但因併發症較多，近十年才真正大量被常規使用。

曾經西部地區某醫院，醫師在為病人進行冠狀動脈介入治療手術時，因鈣化太嚴重，無法順利進行旋磨，病人病情持續惡化，王志鴻接獲院方邀請，即刻前往協助，成功完成冠狀動脈旋磨治療及支架置放後，原本已因急性腎衰竭而插管的病患，很快就拔除管子，可以自己呼吸，也不用洗腎了。

王志鴻是臺灣少數被美國波士頓科技公司認證的旋磨技術亞洲指導醫師，在新冠疫情發生前，他經常受邀前往中國各心臟中心進行旋磨治療術的開創及協助建立操作模式，目前受聘為山東濟寧醫學院附設醫院心導管首席臨床指導教授，固定每三個月前往指導四天，每次不同主題，指導魯西南地區數十家心臟中心醫師操作新儀器及示範新技術。

救心利器

「堅持就會遇到奇蹟。」陳郁志對這句話深信不疑，然而堅持救人的背後，主客觀條件也是影響成敗的重要因素，例如病人的年紀、身體狀況、到院前的救心時間等。

救心小組自一九九八年成立至今，對於急性心肌梗塞患者的搶救，從接獲報案電話、到院前的手術準備、到院後的術前評估，到從綠色通道進入心導管室打通血管，早已縮短為六十分鐘內完成。

「後來發現到院前經常拖太久，病人不知道自己是心肌梗塞，救護車上的救護人員也不曉得，把病患送到無法做心導管的醫院再轉慈院，所以王副給我一個任務——建置到院前救護車心電圖系統。」

高雄市是臺灣首先在救護車上設置「即時無線傳輸十二導程心電圖」系統的城市，主要推手即是高雄榮民總醫院重症醫學部主任黃偉春，陳郁志私下稱他是「臺灣到院前心電圖之父」。

《臺灣急重症醫學雜誌》〈如何建置到院前救護車心電圖系統？〉一文中提到，在高雄市介入前期（二〇一一年），到院前心電圖的執行率是零，第二年才百分之零點六，第三年經研究對策改進後，才終於提升至百分之三十三點六。

為改善心肌梗塞病患的照護品質，不少醫院都有意願建置這套系統，困難在於執行起來不如想像中容易，因為這套系統需要消防單位、衛生單位與醫院三方合作，需要縣市政府領導系統整合、需要培養高級救護技術員、需要訂定標準作業流程、需要消防救護稽核系統進行督導等。

為能盡快完成這項任務，陳郁志幾乎是三管齊下，因為即使募到經費購買設備，也需要各方面都能配合，「要政府體系願意做，也要民眾認知重要性。一般人對於猝死或救心不是很了解，對救護員來說是增添一項工作，甚至會被病人家屬念，他們覺得趕快送醫院比較重要。」

「我聯絡上黃偉春主任，不僅獲得他的指導，也在他的努力促成下，花蓮縣消防局於二〇一八年二月獲贈了第一臺十二導程心電圖機。」設備送來之前，陳郁志和當時的急診部主任賴佩芳、企畫室專員唐昌澤，先一起去消防局溝通，「跟組長談、跟科長談，一直談到大家都可以接受，然後決定從壽豐開始做，做了半年，其他地方也漸漸願意加入。」

為了讓民眾可以接受救護員在救護車上做心電圖，又與慈濟大學護理系助理教授謝美玲合作製作冠心病衛教手冊、拍攝多媒體衛教影片，然後由醫師、護理師、營養師及藥師組成團隊，主動出擊向病患和家屬進行衛教。

「心肌梗塞發作時，真的會叫救護車來醫院的患者，目前只有兩成，有人還自己騎腳踏車來，這是一個很大的公衛問題。」也因此，陳郁志等心臟照護跨團隊，不遺餘力地做推廣教育。

如今，花蓮縣每輛救護車上都已配置十二導程心電圖機，除了傳輸相關數據，也能即時和醫師視訊，回報患者狀況，讓醫院提早啟動醫療團隊，提高急救成功率。

二十多年來，花蓮慈院心臟內外科合作搶救病人的案例不勝枚舉，而能夠讓他們同時大展身手，並在最短時間內完成救心手術的利器，首推高階整合型手術室（Hybrid Operating Room）。

二〇一六年七月，臺北振興醫院完成全臺首座複合式手術室，之後各大醫院也陸續建置。陳郁志語帶興奮地表示，「這是進行經導管主動脈瓣膜置換術的必要條件之一，王副一直希望花蓮慈院也能做這項手術，在他的爭取下，院方決定撥款一億，由外科部主任張睿智負責整體規畫。」

這個手術室不僅能應用在心臟內外科，骨科、神經外科、器官移植等團隊也都有機會使用，因此張睿智在擘畫藍圖前，認真蒐集跨科別的需求，也參考了臺灣和國外醫院的經驗。

要規畫這樣一個手術室相當不易，除了必須顧及相關使用者的方便，空間大小、設備定位、幅射劑量等都必須納入考慮之中。對於張睿智從設計藍圖到親自監工，陳郁志心感佩服地說：「連天花板和地板的承重都要弄清楚。」

「幅射劑量的安全管控，要有一定的累積和經驗，花蓮慈院第一間心導管室就是王副從無到有、縝密規畫、親自監工完成，他也將寶貴的經驗傳承給張主任。」花蓮慈院高階整合型手術室二〇一九年八月啟用，陳郁志相信高科技的輔助，可以讓病人在治療過程中更舒適、更安心。「我們雖然不是最早成立，但設備是全亞洲最先進的。」

目前，花蓮慈院已完成二十一例經導管主動脈瓣膜置換術。王志鴻的病人古新松，因主動脈瓣膜狹窄併發急性心衰竭，二〇二〇年五月被送來醫院急救，幸運地接受了這項手術，才能挽回性命。

早在手術前三年，六十多歲的古新松就因心血管阻塞，讓王志鴻裝了兩支支架，並定期在門診做追蹤檢查。「後來，王副建議我要開刀，一直要我趕快跟家人討論，但是家人都有工作，自己也有點擔心開刀的風險，想說還是吃藥就好，沒想到會出狀況。」

「發現自己的呼吸停止，覺得完了！我要死了！」古新松心有餘悸地表示，事發前最後一次就診，就是因為胸悶、胸痛、喘不過氣來，「被王副念說，你的心臟真的很危險，難道你不要命了嗎？一定要趕快跟家人討論開刀的事。」

王志鴻說明，「這個術式最早是用在病情很嚴重、很危急，且不適合開刀的病人身上，發展到現在幾乎已適合所有病人。傳統手術傷口約十八到二十公分，手術時間四到六小時；經由導管置換瓣膜幾乎沒有傷口，時間也縮短成一個半小時至兩小時。」

「這項手術自費要一百多萬，今年二月健保署才有條件地開放全額給付。」龐大的醫療費用，讓陳郁志想起一位四十多歲、患有主動脈剝離的病人，「他已經做過一次開心手術，因為開刀風險太高，無法再開第二次刀。」

經導管主動脈瓣膜置換術，手術時間短、出血量小、恢復時間快，對這位病人來說是比較好的選擇。陳郁志表示，「除了醫療團隊的付出，社服室也為他申請慈濟基金會補助，不夠的部分，王副又私下找人募款，最後家屬只付了十萬多不到……」

在慈濟二十四年，看著心臟內科從缺乏人手到發展出默契良好的團隊，陳郁志心中不變的依然是「諸惡莫作，眾善奉行」，「醫師這個職業是專業的行善，慈濟醫院就是行善的道場。」

喜愛研讀的他，下班後不是看書就是上網查資料，工作對他來說，是興趣，不是壓力，「王副下班也都在處理公務上的事，也不需要什麼調適，做喜歡做的事，就不覺得有壓力，把知識運用在要照顧的病人身上，很有成就感。」

陳郁志去過很多國家和城市，最喜歡的還是花蓮，「這裡有山有海，並不無聊，更重要的是能體現自己的人生價值。接下來，和王副一起要努力的就是傳承救心技術給下一世代！」

後記

陳玟君

二〇二一年一月下旬，好不容易和一直拒訪的王志鴻副院長約好見面，利用他北上開會後回花蓮的短暫時間，在臺北車站碰個面。

先前他就透過祕書表明不出自傳，我立刻說：「好，不寫自傳，我們談醫病。」他曾經與美國紐約分會執行長張濟舵，在二〇一七年美國志工精進研習營中，以「生命與慧命的換帖」為題分享醫病情，由此切入治療過程，他立刻侃侃而談。

一般心導管手術的成功率高達百分之九十九，但若三條冠狀動脈「完全」阻塞的，則成功率只有八、九成。濟舵師兄的心血管嚴重阻塞又鈣化，治療與不治療都有極大風險。

問他面對精舍師父、醫院高層對濟舵師兄的關心，會不會壓力很大？他立刻說：「專業上的壓力，我真的不大，就像上人講的『前腳走，後腳放』。這麼棘手又出狀況的病人，一千個大概會遇到一個，早年心裡難免不好受，後來訓練到很無情，轉個頭就忘記了。」

我心想，果真好無情啊！

一個多小時，結束第一次的訪談，王副說他真的很忙，接下來就用手機通訊軟體訪問好了。週二、四上午，他要做心導管，下午如果有半小時或一小時空檔，他再提早告知我一聲。

如此順利採訪了兩、三次，無意間得知心導管室有病例資料，我將從過去報導查閱到的個案列出，希望能進一步獲得更多訊息，或是從中再找出適合訪問的個案。

臨出發前，王副問我是否有醫護背景？如果不是，得要有人協助我。但他週二手術滿檔，週三上午要帶醫學生討論、下午有門診，週四上午要做心導管、下午要到臺北開會……聞言，我趕緊回覆是否能旁聽他和醫學生的討論、跟診、進心導管室，週五再隨他去玉里。

當天，我搭一大早的火車，預計十點前可以抵達。八點二十五分，他留言告知早上七點半急救一 OHCA（到院前心肺功能停止）病人，請我先到心導管室。坐在火車上的我，完全來不及應變這突發的狀況。後來才知道，那天他輪值救心小組的班，得隨時待命。

我只好按既定行程去旁聽課程，上完課已近午，王副說他要去開個會，請我先去用餐，下午一點半直接到門診。用完餐，發現有未接來電，原來中午急診室又來了一位心肌梗塞病人，王副又去做心導管了。

我又錯失了一次機會，只好再按既定行程去門診等。兩點多，王副一進診間就不疾不徐地開始看診，我心想這一百三十多號病人，要看到何時？原來看到晚上八、九點是很正常的事。

八點多，他終於看完門診，洗了手，拿起志工送來的餐盒，站著就吃了起來。他很快地用完餐，問我有什麼問題，可以開始問他了。跟診了一個下午，雖然傍晚還跑去用餐，但腦袋已處於當機狀態，只能胡亂問了幾個問題。

這時，他的手機響起，急診又來了一例猝死病人，他問我要不要去急救室？我有點怕，但還是提起勇氣跟了過去。

我遠遠地，不敢靠太近，心中默念阿彌陀佛，祝禱醫護人員與死神拔河獲勝。那是一場體力與時間的競賽，我沒有等到最後結果，就先告退了。

隔天，王副告訴我，做完那例心導管，他才準備要離開，又來了一例，再次做完心導管，回到家已是凌晨兩、三點了。

治療順利，醫病皆大歡喜；治療出狀況，醫師的壓力絕不亞於家屬。我終於明白王副為何「轉個頭就忘記了」，因為三十年來他必須讓自己處於最佳狀態，才能面對這一次又一次、不知何時會到來的生死拉鋸戰。

「血管結構介入型心臟內科醫師，很多都陸續退出搶救重危症病人，因為二十四小時隨時待命，真的太累了。」六十五歲的王副，其實早就可以不用值班，但他還是希望自己有機會站在第一線，想方設法改善搶救病人的速度。

我想起二十多年前，大伯父從住家二樓走到一樓，休克倒地，叫救護車送醫急救。我們接到通知，趕到醫院，遺體已蓋上白布，病因是心肌梗塞。大伯父住在臺北市，救護車十分鐘就可以抵達醫學中心，但還是搶救不及。

可以想見三十年前的花東地區，沒有一位會做心導管的心臟內科醫師，危急病人該何去何從？三十年來，又因為終於有了一位會做心導管的心臟內科醫師，有多少危急生命因此而獲救。

每位患者都是家屬的唯一，我們總希望為家人找到最好的醫師、接受最好的治療。從病人一聽到要做心導管就不見了，到如今許多遠從外地而來的病人，甚至包括海外的慈濟志工都指名找王副，這分專業上的努力與用心，真不是三言兩語可以道盡。

在此，也要非常感恩濟舵師兄貢獻他的醫療故事。

他在被檢查出心血管阻塞時，仍然覺得「自己明明好好的」，不希望從一個「健康的人」，變後「術後要長期服用抗凝血劑」的患者。冠狀動脈老化的過程，通常悄無聲息，也讓人忽略它對身體健康的危害，或許這也是急性心肌梗塞猝死的消息，時有所聞的緣故。

王副建議，一般男性四十五歲、女性五十五歲以上，宜考慮做一次心血管健檢，如運動心電圖或電腦斷層心血管鈣化指數評估，若有高血壓、高血脂及高血糖等三高，或早發性粥狀硬化血管疾病家族史，或過度肥胖等族群，第一次評估年齡宜提早十年，「依結果做治療或適當的定期追蹤，可早期發現、防患於未然，目前醫學對血管粥狀硬化疾病的預防和治療多很有效。」

看完書稿，有人問我：「王副的家庭，好像寫得不多？」凡夫俗子如我，當然也是好奇，採訪前打聽到的消息是：「王副都說他和太太很早就『醫藥分業』了啦！」原以為這是一個不能碰觸的話題，其實是腦補太多。

一九九一年，王副到花蓮慈院報到時，妻兒隨行而來。一年後，新光吳火獅紀念醫院成立，他的夫人王春玉女士被師長號召前去擔任藥劑部主任，之後又到英國伯明罕 Aston 大學攻讀藥學研究所；她擔任過臺灣臨床藥學會三年祕書長、三年理事長，也是世界藥學會醫院藥學組西太平洋區副主席，為臺灣藥學國際發展，貢獻許多心力。

也難怪當我想訪問她時，王副總是說：「她很忙，不要啦！」問他是否對太太感到愧疚？他不解地問我：「這有什麼好愧疚的？」兩夫妻各自在專業上用心，為社會、為人群付出，父母則是他們最好的後盾。「阿鴻啊！做醫師是你的義務，你要好好地做，但是身體要照顧好，才可以照顧病人，不必擔心我們。」父母的體諒，讓他們可以無後顧之憂；兩個兒子則由岳父、岳母協助照顧成長，如今一個也是內科醫師，一個在花蓮投入有機農業的種植。

記得到臺北慈院採訪那一天，週六上午看診完，王副準備搭捷運回臺北的家。路上閒聊之際，他隨口說：「回家後所有行程都由太太安排，她要我去哪就去哪！」

■參考資料■

《人醫心傳》

第二期〈聽見心的聲音〉，賴睿伶撰文，二〇〇四年二月

第六十三期〈赴魯救心 花蓮王志鴻副院長山東學術交流〉，吳宛霖撰文，二〇〇九年三月

第七十三期〈電定心律——花蓮慈濟醫院三度空間心律不整脈定位術〉，游繡華撰文，二〇一〇年一月

第八十九期〈七點有約〉，王志鴻口述，二〇一一年五月

第一〇四期〈達叔醫路〉，黃彥達口述／／吳宜芳、吳宛霖整理，二〇一一年五月

第一八一期〈養心攻略 花蓮慈濟醫院心臟照護團隊〉，彭薇勻撰文，二〇一九年一月

第一八二期〈化孝心為動力〉，古英梅口述／洪靜茹整理，二〇一九年二月

第一八九期〈三三來慈 花蓮慈濟醫院三十三周年〉，江家瑜、彭薇勻撰文，二〇一九年九月

《花蓮慈濟醫院網站訊息》

〈慈濟醫院周年慶人物側寫系列：留學生陳郁志回台灣奉獻所學〉，李瑞華、胡雅玲撰文，二〇〇一年八月十七日

〈慈醫中心病理解剖數，創新國內〉，李瑞華、胡雅玲撰文，二〇〇二年一月八日

〈到花蓮「碰運氣」 錢先生找到了「先生緣」〉，二〇〇六年三月一日

〈幸福成長十五年〉，王志鴻撰文，二〇〇六年七月十一日

〈甘港贈藝術作品　感恩王志鴻副院長救命之恩〉，二〇〇七年三月一日

〈千金難買善醫行－慈院十年心路歷程〉，陳郁志撰文，二〇〇七年十月十八日

〈知識、飲食、健康操　冠心病友會健康滿滿〉，二〇〇八年十一月八日

〈職場工作倫理開講彼此尊重利他為上〉，二〇〇九年三月三十日

〈見證搶救生命　接力永不放棄〉，彭薇勻、魏瑋廷撰文，二〇一六年九月二十六日

〈春風化雨耕教學 臨床教師感恩餐會〉，魏瑋廷撰文，二〇一七年九月二十七日

〈心房顫動反覆中風　左心耳封堵術解決「心頭患」〉，二〇一八年三月十六日

〈醫師下鄉 用專業與愛守護南花蓮的病人〉，江家瑜撰文，二〇一八年八月十三日

〈提升到院前救護品質 消防局與本院開辦高級救護技術員訓練〉，魏瑋廷撰文，二〇一九年二月十九日

〈內外科攜手打開心門 經導管主動脈瓣膜置換搶救生命〉，二〇二〇年十月二十三日

《證嚴上人衲履足跡》，善慧書苑

一九九九年・秋之卷〈七月五日／用心閱讀人生〉

二〇〇一年・夏之卷〈五月二十四日／大藏經之阿含部〉

二〇〇二年・夏之卷〈六月二日／認識慈濟開心門〉

二〇〇四年・春之卷〈三月十五／玉里、關山分院院慶〉

二〇〇九年・夏之卷〈六月二十六日／慈濟人無私無我、投入心力救助苦難眾生，真正是菩薩世界〉

二〇一二年・冬之卷〈十月三十一日／與其要求別人，不如先自我要求建立好形象；不要計較別

〈人言行不佳，要計較自己是否聲色柔和〉
二〇一四年・秋之卷〈八月二十七日／安心福富足──以情互動，以覺互度〉
二〇一五年・夏之卷〈五月二日／跨國馳援，加強愛心力量；鍥而不捨，造就生命奇蹟〉
二〇一七年・春之卷〈一月二十日／慈濟委員招募會員〉
二〇一七年・夏之卷〈四月十九日／人心和則諸事成，人心淨化天地安〉
二〇一七年・夏之卷〈四月二十九日／不辭路遙跨國會合，美洲八國慈濟志工投入厄瓜多水患賑災〉
二〇一七年・冬之卷〈十一月二十一日／忍一時、退一步，愛更寬、情更長〉
二〇一七年・冬之卷〈十二月二日／學正法，立正信，行正道〉
二〇一七年・冬之卷〈十二月四日／當別人生命中的貴人，當自己慧命中的貴人〉
二〇一七年・冬之卷〈十二月十日／志工，是真誠行願的有「心」之「士」〉
二〇一八年・夏之卷〈六月二十四日／如是見，如是聞，如是行〉
二〇一八年・夏之卷〈六月二十五日／慈悲喜捨，不忘初心；師徒相隨，長恆不退〉

《人間菩提》

〈虔敬心香・濟世仁醫〉，二〇一四年八月二十七日
〈戒慎惜水 醫王悲願〉，二〇一五年五月二十二日

《慈濟道侶半月刊》

第一三四期，〈慈院手術成功 解除狹心症患者危機 東部首例免開刀 經皮冠狀動脈擴張術〉，張月昭撰文，一九九一年八月一日

第一三五期，〈風濕性心臟病患者 不再呼吸困難 慈院完成東部首例經皮僧帽瓣擴張術〉，張思余撰文，一九九一年八月十六日

第一三六期，〈精確診斷的第一線〉，鄧子雲撰文，一九九一年九月一日

第一三七期，〈減輕心臟病患者手術痛苦 經皮瓣膜擴張術成果豐碩〉，張月昭撰文，一九九一年九月十六日

第三九三期，〈話說十五年前的那念善〉，二〇〇二年六月一日

《慈濟月刊》

第三二四期，〈救人一線間——治療性心導管術〉，張白衣撰文，一九九三年十一月

第四二〇期，〈另一種救人方法〉，張旭宜撰文，二〇〇一年十一月

第四四五期，〈不只是花蓮的土地黏人〉，黃秀花撰文，二〇〇三年十二月

第五七五期，〈粒粒善種 繁茂杏林 慈大醫學系二十年〉，黃秀花撰文，二〇一四年十月

第五八二期，〈醫療先發 環環相扣〉，黃秀花撰文，二〇一五年五月

第六二六期，〈慈濟醫師 日日穿梭花東縱谷〉，江家瑜撰文，二〇一九年一月

第六三七期，〈在最危險的地方 為最窮的人付出〉，葉子豪撰文，二〇一九年十二月

書籍

《慈悲在人間：走過尼泊爾震災之路》，潘煊 著，二〇一七年五月，天下文化

《為我們的城市打拚：慈濟援助厄瓜多以工代賑紀實》，二〇一九年六月，經典雜誌

《心臟的故事——令人著迷卻又難以捉摸的生命核心》，桑迪普・裘哈爾 著，二〇一九年九月，究竟出版社

《心蓮》p54〈花蓮有慈濟醫院真好〉，王石進口述／邱淑絹採訪，二〇一九年十月

《回家》〈珍妮弗——厄瓜多〉，鄭茹菁撰文，二〇一九年十一月，檀施文庫

《上人與我：那些年我們在慈濟的日子》，郭漢崇 著，二〇二〇年一月，方舟文化

各方訊息

《慈濟全球資訊網》〈山城醫療開張 鄉親助搭篷〉，張晶玫撰文，二〇一五年五月十五日

《臺灣光華雜誌》〈臺泰交流 傳愛邊境〉，劉嫈楓撰文，二〇一六年一月

《臺灣急重症醫學雜誌》第一卷第三期〈如何建置到院前救護車心電圖系統？〉，黃偉春等撰文，二〇一六年一月

《慈濟全球社區網》〈茶水汲取法水 道在日常生活中〉，王嘉瑾、謝玲蘭、張玉燕、謝玉真撰文，二〇一七年六月二十三日

《社團法人臺灣藥學國際發展協會》〈理事長的話〉，王春玉撰文，二〇一七年八月八日

《生命與慧命的換帖》，二〇一七美國志工四合一精進研習營，阿明@live

《一〇七年衛生福利部新聞》〈雙向轉診垂直整合醫療 花蓮慈濟醫院Love+醫療計畫〉，二〇一八年七月三十一日
《大愛新聞》〈主動脈瓣狹窄急性心衰 跨團隊精準治療救命〉，林思彣、翁國嘉報導，二〇二〇年十月二十八日
《慈濟全球資訊網》〈疫情下的慈善創新 全球共善學思會凝聚共識〉，黃湘卉撰文，二〇二一年七月
《慈濟海地賑災日誌》
《慈濟尼泊爾賑災日誌》

國家圖書館出版品預行編目(CIP)資料

救心：王志鴻副院長和他的心臟內科團隊 / 王志鴻，張濟舵主述；陳玫君撰文. -- 初版. -- 臺北市：經典雜誌，財團法人慈濟傳播人文志業基金會，2021.11
352 面；15X21 公分
ISBN 978-626-7037-12-6(平裝)
783.3886　　　　110017634

救心　王志鴻副院長和他的心臟內科團隊

主　　述／王志鴻、張濟舵
撰　　文／陳玫君
發 行 人／王端正
平面總監／王志宏
主　　筆／黃世澤
叢書主編／蔡文村
叢書編輯／何祺婷、涂慶鐘
校對志工／高怡蘋
美術指導／邱宇陞　美術編輯／黃昭寧
封面攝影／劉子正
內頁插畫／蘇芳霈
內頁排版／極翔企業有限公司
出 版 者／經典雜誌
　　　　　慈濟傳播人文志業基金會
　　　　　112019 臺北市北投區立德路 2 號
地　　址／台北市北投區立德路二號
電　　話／（02）2898-9991
劃撥帳號／ 19924552
戶　　名／經典雜誌
製版印刷／新豪華製版印刷股份有限公司
經 銷 商／聯合發行股份有限公司
　　　　　231028 新北市新店區寶橋路 235 巷 6 弄 6 號 2 樓
　　　　　02-29178022
出版日期／ 2021 年 11 月初版
定　　價／新臺幣 400 元

ISBN 978-626-7037-12-6（平裝）
Printed in Taiwan